KB261713

나는 서울의

쿠킨스테이크 고재성 대표의 장사꾼으로 살아가기

30대 장사꾼

고재성 지음

북하우스

장사는 미친 짓이다

서점에서 이 책을 들춰보고 있는 당신은, 아마도 강한 목적의식을 가진 사람일 게다. '나도 커다란 가게를 차려 많은 돈을 벌고 싶다.' 당신이 이런 생각을 갖고 있다면, 나는 이렇게 말해주겠다. "이 책은 물론, 이와 비슷한 다른 책도 사지 말라." 이렇게 하면 당장 돈 일이만 원은 굳을 것이다. 하지만 당신이 장사로 대박을 터뜨리겠다는 식으로 뜬구름 잡지 않는 사람이라면, 그리고 적은 돈으로나마 진지하게 창업을 고려하고 있는 사람이라면, 이 책은 분명 도움을 줄 것이다.

단도직입적으로 이야기하겠다. 지금 대한민국에서 새로 장사를 벌이는 건 미친 짓이다. 웬만한 각오가 서지 않은 상태라면 그만 계획을 접는 게 낫다. 창업을 준비해본 사람이라면, 사람들로부터 이런 이야기를 익히 들었을 것이다. 그래도 부득부득 가게를 차렸다면, 곧 온몸으로 깨닫게 될 것이다. 당신의 장사를 위험에 빠뜨릴 함정이 곳곳에

도사리고 있다는 것을……. 가게를 차리는 과정에서 이미 많은 고초를 겪었을 테고, 앞으로도 많은 것들이 당신에게 태클을 걸어올 것이다. 당신과 당신 가게를 둘러싸고 있는 모든 요소들을 잠재적인 적으로 봐도 지나치지 않다. 모두 그들의 이익을 채우기 위해 당신으로부터 단물을 빼먹으려 애쓰고 있다. 그 위험을 그때그때 깨닫지 못한 채 시간을 보내고 나면, 당신은 어느새 그들의 손아귀에 놀아나고 있는 당신 가게를 목격하게 될 것이다. 이쯤 되면, 그저 대한민국 경제의 활성화를 위해 내가 가진 몇 푼의 돈을 비료로 뿌렸다고 자위하는 게 속 편한 일일 게다.

장사는 당신이 생각하는 것만큼 만만하지 않다. 운좋게 시류를 잘 타서 초반부터 큰 재미를 본다 해도 그 재미가 언제까지 이어질 것인지는 누구도 장담할 수 없다. 광우병, 조류독감 등으로 하루아침에 망해버린 가게들을 보라. 그런 절체절명의 위기가 갑자기 다가올 줄 누군들 상상했겠는가. 장사 잘된다는 유명 프랜차이즈의 힘을 빌리겠다는 계획도 결코 안전한 생각은 못된다. 유명 프랜차이즈들 대부분은 체인점을 악랄하게 착취한다. 체인점의 피를 빼는 정도가 아니다. 뼈까지 으적으적 씹어 먹는다. 그들은 자신들의 이익을 위해 체인점을 내줄 뿐이지, 체인점 사장의 돈벌이를 위해 봉사하지는 않기 때문이다. 이런저런 이유로 장사가 망하고 나면, 그동안 가게에 두고 써온 각종 기기들을 십분의 일 가격으로 처분할 수 있다. 푼돈이나마 쥐는 것이다. 그러나 이것은 당신의 약을 올릴 뿐이다. 가게를 차릴 때 든 나머지 비용과 점포 권리금은 한 푼도 건지지 못할 수도 있다. 그래도 장사로 성공한 사람은 분명히 있지 않느냐고 따져 물을 수 있을 것이다. 물론 있다. 하지만 애석하게도 그 수는 로또복권 당첨자 수 정도에 불과하다.

이렇게 겁을 줬는데도 당신이 장사를 하겠다고 나서면, 나는 다만 이렇게 말해주고 싶다. 보리밥알로 잉어를 낚는 것처럼, 적은 돈으로 시작하라. 모자란 것들은 맹렬한 노동과 궁리들로 채워나가면 된다. 이렇게 조금씩 모아서 점점 크게 키우는 식으로 장사하면 위험 요소도 가능한 한 많이 줄일 수 있다.

이 책은 내가 지난 십여 년간 장사를 하면서 느끼고 깨달은 것들이 고스란히 담겨 있다. 특히 쿠킨스테이크를 운영해온 지난 3년 남짓한 시간의 기억이 주를 이룬다. 블로그에 올렸던 소소한 글들이 한데 모인 까닭에, 맞물려 있는 각각의 이야기들이 서걱서걱한 느낌을 줄지도 모른다. 하지만 애초부터 출간을 염두에 두고 억지로 가공해 낸 글이 아니므로, 이 책을 읽는 당신은 평범한 장사꾼의 일상을 더욱 생생하게 목격할 수 있을 것이다. 나는 빌 게이츠처럼 대단한 사업가는 아니다. 하지만 작은 장사로 그와 경쟁한다면 충분히 이길 수 있는, 당당한 한국의 장사꾼이다. 미심쩍어하면서도 이 책을 집어든 당신은, 벌써 장사꾼의 세계에 접어든 자다. 당신이 이 책에서 단 몇 줄이나마 도움 되는 부분을 발견한다면, 나와 당신 모두 일말의 성공을 거둔 것이리라. 나는 책을 한 권 더 팔아 좋고, 당신은 장사 노하우를 하나 건져서 좋고……

잠자리를 잡는 데는 잠자리채 하나면 족하지, 생화학무기나 유도미사일 따위는 필요하지 않다. 이 책이 다만, '장사'라는 잠자리를 잡는 이에게 썩 괜찮은 잠자리채로 쓰였으면 좋겠다. 그리고 이 책을 통해 당신과 내가 서로 윈윈하는 관계를 맺게 된다면 더 바랄 게 없겠다.

2007년 1월

고재성

차례

메인코스1

장사, 10년쯤 해보니

01

내가 아는 한, **장사라는 건 이렇다**

장사는 전쟁이다

중세시대 여러 사회는 분쟁이 발생했을 때 '간단한' 방법으로 이를 해결하는 경향이 있었다. 일본에서는 칼을 꺼내들고 한판 붙어보는 것으로 분쟁을 해결했고, 유럽에서는 옳고 그름을 판단하거나 명예를 회복해야 할 일이 생겼을 때 '결투'를 치렀다. 중국에서도 피의 복수로써 명예를 회복하는 일을 인정했다. 비슷한 계급에 속한 사람들 사이에는 수시로 이해관계가 상충할 수밖에 없었는데, 이들 사이에 분쟁이 발생하면 양자가 칼로 겨뤄 먼저 베거나 찌르는 쪽이 모든 것을 얻는 식으로 해결했던 것이다.

이처럼 중세에 가장 유용한 의사 관철 수단은 바로 무력이었지만, 근대 이후로는 그것이 허용되지 않았다. 그렇다고 해서 힘의 우열에 따라 서열을 매기는 원초적 위계 질서가 없어진 것은 결코 아니다. 오늘날 그것은 법, 지위, 돈, 학벌 같은 좀더 교묘하고 은밀한 조건들로 변화했다. 현대인은 이런 이성의 탈을 쓴 도구들을 이용해 이해당사자를 압박하고 원하는 것을 얻어낸다. 현대 도시란 아프리카 정글보다 더욱 치열한 정글이고, 그곳에서는 선명한 약육강식의 질서에 의해 비열하고 난폭한 결투가 벌어지곤 한다. 현대 도시를 무대로 하는 '장사'도 이런 풍경으로부터 자유로울 수 없다. 장사를 둘러싼 다양한 조건들이 바로 우리의 적인 것이다.

여기서 묻고 싶다. 장사란 도대체 무엇인가?

누가 나에게 장사가 무엇인지 물어본다면, 10년차 장사꾼인 난 이렇게 대답하겠다.

"장사는 전쟁이다."

장사판은 곧 전쟁터다. 장사꾼은 그를 곤란하게 하는 모든 것과 싸워나가야 한다. 동일한 제품을 파는 경쟁자는 물론 물건을 납품하는 제조업체, 상품 및 서비스를 구매하는 소비자, 매장을 임대해주는 상가주인, 세무서와 각급 관청 공무원 등 모든 주변인이 장사꾼이 상대해야 하는 적이다. 이들에게 쉬 꺾이지 않기 위해서는 어설픈 자존심이나 부끄러움, 게으름과 어리석음을 하루빨리 버려야 한다. 자신이 내세울만한 모든 강점을 최대한 부각시키고 약점은 가능한 한 은폐해야 한다. 자신에게 위협적인 경쟁업체는 고사시키고, 다른 장사꾼들이 내 영역을 침범하지 못하도록 막아야 한다. 그러지 않고 머뭇거리면 상대방이 먼저 공세해올 것이기 때문이다. 이 모든 투쟁영역에서 장사꾼으로서의 자신을 지켜낼 때, 시장이라는 정글에 자기 업체를 무사히 진입시킬 수 있다.

아울러 우리는 자신이 하고 있는 일이 어떤 것인지 정확하게 알고 있어야 한다. 대상의 겉모양뿐 아니라 다양한 면면을 정확하게 파악하고 있어야 하는 것이다. 장사를 시작하는 사람이 장사에 대해 그저 '물건을 파는 일'이라고 생각하고 있다면, 그는 오래지않아 가게 문을 닫아야 할지도 모른다. 장사하는 동안 예측하지 못한 사고들이 꼬리에 꼬리를 물테고, 그것이 곧 비용 지출로 이어져 그를 옥죌 것이기 때문이다. 그러므로 장사를 시작하는 사람은 장사에 대한 정의, 격을 갖춰 말하자면 '철학'을 가지고 시작해야만 한다.

아무튼 장사로 먹고 살기 힘든 세상이 되어버렸다. 아니, 사실은 원래부터 쉽지 않았다.

회사와 가게는 분명히 다르다

언제부터인가 몇몇 기업의 경영담이, 모든 종류의 사업에 적용되는 성공의 바이블처럼 대접받기 시작했다. 그 '바이블의 말씀'을 종합해보면, 장사로 흥할 수 있는 방법은 셀 수 없을 정도로 많고 망하는 방법은 그보다 조금 더 많아 보인다. (말씀이 많아지는 만큼 위엄은 점점 떨어지고, 따르던 이들의 신뢰도 점점 엷어진다는 사실을 아셔야지!) 하지만 말씀을 옮기는 자들이여, 조금만 생각해보라. 세계적인 기업이 된 삼성의 신화가 놀랍다고 해서, 지하철역 출입구 앞에서 오뎅 파는 노점상 주인이 삼성의 경영정신을 그대로 따라야 할 필요는 없지 않은가? 센스 있는 노점상은, 이건희가 바로 옆에 와서 오뎅을 팔아도 자기가 그보다 더 잘 팔 수 있음을 직감할 것이다.

손바닥만한 가게에서는 굳이 업계 동향에 대한 자세한 데이터를 수집하거나, 매출 및 재고 현황을 파악해 중장기 판매 전략을 수립하거나, 마케팅 방안을 기획하기 위한 회의를 열 필요가 없다. 왜냐하면 그런 것들은 머릿속에서 쉽게 외우고 계산하고 판단할 수 있는 것이기 때문이다. 아침에 가게 문을 열면서 하루 장사 계획을 세우고, 한 해 전에 주방 찬장 깊숙이 처박아둔 그릇을 바로 찾아낼 수 있고, 재료 구매할 때 무얼 사야 하는지 어림짐작해 파악할 수 있다. 주인의 머리가 좋아서가 아니다. 장사꾼 생활을 조금만 하다보면 다들 그렇게 된다.

회사와 가게의 차이는 미국과 모잠비크의 차이 정도로 보면 간단하다. 두 나라 모두 엄연히 국가로서의 정체를 갖고 있지만, 경제 규모 차이는 실로 엄청나다. 모잠비크가 미국의 경제시스템을 도입한다고 해서 곧 경제대국으로 급부상할 것이라고 예상하기 어렵듯, 가게 운영도 큰 회사의 그것을 따라한다고 무조건 좋은 것이 아니다. 오뎅장수가 거창한 시스템을 구축하고 관리하다가는, 남들이 오뎅 열 개 팔 시간에 두어 개도 팔지 못하고 망해버릴 것이다.

뱁새가 황새걸음을 좇으면 다리가 찢어지는 건 당연한 이치다. 작은 가게의 사장들은 무엇보다도 자기 가게 사정을 있는 그대로 파악하는 게 필요하다. 남이 들려주는 좋은 말을 귀담아 듣는 것도 중요하지만, 그 조언을 자기 가게에 적용할 수 있는 것인지 가장 잘 판단할 수 있는 사람은 사장 자신임을 잊지 않아야 한다. 가게 운영을 통제하는 절대적 주체, 사장 자신을 돌아보라. 가게의 모든 것이 당신 의지대로 돌아가고 있는가? 종업원, 장사 아이템, 가격, 홍보, 인테리어 등 모든 요소를 완벽히 통제하고 있는가? '가게=사장'의 등식이 성립되어 있는가? 사장이 가게의 모든 것을 통제해야 시의적절한 장사수완을 펼칠 수 있고, 변화하는 고객의 요구에 적절히 대응할 수 있다. 다들 알고 있다시피 작은 가게는 하루아침에도 이전이나 휴업, 존폐까지 결정할 수 있는 곳이다. 작은 가게가 지닌 장점은 바로 이 '규모 작음'으로부터 비롯된다. 그러나 빠르게 움직일 수 있는 작은 조직임에도 불구하고, 자신의 가게를 제대로 장악하고 있지 못한 사장들이 수두룩한 게 현실이다. 기억하라. 사장은 가게가 지닌 '빠름'을 최대한 장점으로 만들어 활용해야만 한다. 회사는 큰 규모 때문에 복잡한 시스템을 갖추게 된 조직체다. 당연히 작은 가게의 시스템은 복잡할 필요가 없다. 가게 사장은, 작은 규모의 조직이 갖는 간편한 운신의 묘를 최대한 활용하는 게 중요하다. 큰 회사들이 작은 가게들의 영역을 마구 침탈해오는 현 세태를 보면, 이 점은 더욱 중요해진다.

우스운 이야기이지만, 실제로 장사판 돌아가는 꼴을 가만히 보면,

정작 '빠름의 묘'를 적절히 활용하는 곳은 작은 가게들이 아니라 큰 회사들인 경우가 더 많다. 회사들은 부단한 체질 개선을 통해 시장상황에 기민하게 반응하며 빠른 운신에 성공하는 반면, 가게들은 자기가 가지고 있는 애초의 장점조차 저버리고 있는 것이다. 조금이라도 성공의 단맛을 본 가게 사장들 가운데, 자신의 경험을 너무 맹신한 나머지 새로운 것을 거부한 채 과거의 방법들에 집착하는 사례를 발견할 수 있다. 물론 그 완고함이 진정한 장인정신에서 비롯된 것이라면, 꾸준한 품질관리를 근본으로 한 특수한 경영기법으로 자리 잡을 수도 있을 것이다. 하지만 그런 집중력과 지구력을 지닌 사람은 흔하지 않다. 십여 년 장사해 온 내 경험에 비춰 봐도, 변화를 동반하지 않은 장사가 지속적으로 잘 되는 것은 거의 불가능하다.

다시 한 번 말하지만, 가게는 회사가 아니다. 규모가 작을수록 움직임은 간편하다. 그 가벼운 몸집을 놀려 능동적으로 변화할 때, 당신의 장사의 성공은 계속된다.

장사꾼과 사업가

마라톤 동호회에서 활동하며 알게 된 분들을 가게에 초대해 식사를 대접한 적이 있다. 그 자리에서 한 부부와 대화하던 중에 화제에 오른 것이 장사와 사업의 차이에 대한 이야기였다. 결혼하면서 다니던 직장을 그만둔 부인은, 얼마 전 인터넷을 무대로 의류 판매를 시작한 초보

자영업자였다. 그분은 일을 시작하는 과정에서 경험한 것들에 대해 이야기했는데, 특히 도매업체 사장들의 무례하고 얄팍한 상도덕을 지적했다. 그러면서 장사하는 사람을 '장사꾼'과 '사업가'로 나눠 비교했다. 그분의 말에 따르면, 장사꾼은 '미래의 이익보다는 눈앞의 이익에 충실한 사람'이고, 사업가는 그런 속성을 지니지 않은 사람들이라는 것이다. 딴은 크게 틀린 말은 아닌 것 같지만, '장사꾼'을 자처하는 나로서는 변명하고 싶은 게 몇 가지 있다. 장사꾼이라고 해서 모두 그처럼 막돼먹은 것은 아닐뿐더러, 그런 막돼먹은 모습을 보이는 장사꾼에게도 그 나름의 사정과 일말의 핑계는 있기 때문이다.

이쯤에서 장사와 사업, 장사꾼의 정의에 대한 약간의 확인이 필요하다. 국어사전에 따르면, '장사'는 단순히 '물건을 사고파는 일'로 정의되고, '사업'은 '주로, 생산과 영리를 목적으로 하는 지속적인 경제 활동'으로 정의된다. 한마디로 장사는 규모나 전문성 면에서 비교적 낮은 수준에 머물러 있는 상행위로 인식되는 듯하다. 한편 '장사꾼'은 '장사 수단이 좋은 사람'으로 정의되지만, 일반적으로는 장사하는 사람을 낮추어 부르는 뉘앙스 또한 담겨 있다. '장사치'라는 표현은 좀 더 진한 뉘앙스를 지닌 호칭인데, 장사꾼들 중에서 특히 행실이 뭇사람들의 눈에 거슬리는 부류가 이렇게 불리곤 한다. 이 미묘한 뉘앙스의 차이 속에서 줄타기하는 이들이 바로 장사꾼이다. 앞서 언급한 분은 아마도 '장사치' 수준의 행실을 보이는 장사꾼을 만났던 게 아닌가 싶다.

우리 주변에 장사꾼으로 불릴 만한 사람들은 누가 있을까? 내 단견일지 모르겠으나 을지로, 아현동 등 가구거리, 동대문 의류시장, 방산시장 벽지가게골목, 청계천 공구상가 같은 전문상가의 상인들이 대표적인 장사꾼들일 것 같다.

1980년대 초반부터 우리 집은 컴퓨터자수기계를 일본으로부터 들여와 공장을 운영했었다. 초기 주 거래처였던 무역업체들이 1980년대 말부터 대부분 동남아시아지역 공장들로 거래처를 옮기면서부터, 우리의 새 거래처는 평화시장 도매의류업체 쪽으로 바뀌었다. 1990년대 초 대학생이었던 나는 공장 일을 도우며 이 업체들에 배달도 자주 다녔다. 수금을 하거나 샘플을 받으러 다니면서 시장사람들을 만날 수 있었는데, 이를 통해 그들의 업무패턴을 대강 파악할 수 있었다. 그경험을 바탕으로, 일반인들이 '장사꾼' 하면 떠올리는 부정적인 면면을 짚어보고, 이에 대해 변명 아닌 변명을 해보려 한다.

첫째, 그들은 약속을 잘 안 지킨다.

여기에는 이유가 있다. 보통 인척관계에 있는 한두 사람이 매장을 돌보는데, 자연스레 일정관리 같은 업무처리가 공식적으로 이루어지지 않는다. 대부분 정보가 구두로 전달되는 까닭에 여차하면 일정 한두 개쯤 빼먹기 쉽다. 한 가지 조언하자면, 정확한 시간에 시공 받거나 제품을 수령하고 싶다면 이들에게 수시로 연락해 약속을 상기시키는 게 상책이다.

둘째, 물건 가격이 들쭉날쭉하다.

소비자의 구매량에 따라 이중적인 가격을 제시할 수밖에 없기 때문이다. 일반 소비자들은 대부분 소량을 구매하기 때문에, 도매상이 이들로부터 적당한 이윤을 챙기는 방법은 마진폭을 높이는 것밖에 없다. 반대로 가게에서 쓸 목적으로 한꺼번에 많은 양의 물건을 사가는 사람에게는 그보다 적은 마진을 남기는 게 당연하다. 같은 이치로, 대량구매자들 사이에서도 구매가격은 달라진다. 일정수준 이상의 물량을 구매하는 업체에게는 보다 저렴한 가격이, 그렇지 못한 업체에는 상대적으로 높은 가격이 제시된다.

셋째, 애프터서비스가 잘 안되거나 오래 걸린다.

웬만큼 규모와 시스템을 갖춘 회사라면 당연히 체계적인 애프터서비스를 제공하겠지만, 작은 가게에서는 그러기가 쉽지 않다. 그리고 이들도 보고 들은 바가 많아서 웬만하면 서비스를 해주려고 노력하지만, 소비자가 감정적으로 따져들면 같이 흥분하는 경향이 있는 게 사실이다. 소비자와 마찰이 심해지면 장사꾼은 장기적으로 영업에 타격을 받게 되지만, 이들도 사람이라서 당장의 손실을 제쳐두고라도 감정적인 면에 더 민감하게 반응할 수밖에 없는 것 같다. 이런 면은 서비스 정신이 부족한 고리타분한 장사꾼들에게서 더욱 자주 발견된다. 이와 더불어, 노동시간에서 비롯되는 서비스의 한계도 있다. 장사꾼들은 일반 회사원들처럼 정해진 시간 동안 일을 하고 정기적으로 쉬지 못한다. 장시간 쉬지 않고 일하거나 밤새워 일하는 경우가 허다하다. 자연히 신경이 날카로워지게 되고, 이는 소비자에 대한 불친절로 이어지곤 한다.

넷째, 환불이 잘 되지 않는다.

이들이 환불을 잘 해주지 않는 이유는 단순하다. 본능적으로 돈에 대한 집착이 크기 때문이다. 자기에게 들어온 돈은 다시 내주기 싫은 게 인지상정인데, 하물며 평범한 사람도 아닌 장사꾼은 오죽하겠는가. 그래서 구매자가 환불을 재차 요구하면 장사꾼은 돈 대신 물건으로 바꿔주는 것을 제안하기도 한다. 한편 자기가 제품을 훼손하고도 환불을 요구하는 구매자가 간혹 있다. 어쩌다 한 번씩 겪는 이 경험이 장사꾼의 뇌리에 너무도 깊이 각인되어, 결과적으로 그렇지 않은 소비자들까지 그 피해를 보게 되는 것이다.

이렇게 변명 아닌 변명을 해보았지만, 소비자가 받아들이기에는 어림없는 소리일 것이다. 하지만 직접 장사를 해보면 알게 된다. 장사 초기에 가졌던 '소비자는 왕'이라는 생각이, 시간이 지나면서 이런저런 경험을 통해 조금씩 퇴색되어 간다는 것을…… 어떻든, 소비자를 만족시키는 장사꾼이 장기적으로 성공한다는 것은 재고의 여지 없는 진리이다. 뜨내기손님만을 상대하는 장사꾼일지라도 행실 바른 장사로 입소문을 타면, 언젠가는 복된 결과를 맞이하기 마련이다.

지속적인 영광을 주는 힘, 원칙

주성치가 주연한 〈식신〉은 내가 아주 좋아하는 영화 중 하나다. 영화 초반 주성치는 놀라운 '말발'로 요리를 한다. 예를 들어, 그가 '첫사랑'이라는 이름의 요리를 만드는 과정은, '사랑에 빠진 암퇘지의 엉덩잇살'을 기름에 튀기고 '아름다운 미소의 고춧가루'를 뿌리는 식으로 이루어진다(정확한 레서피는 영화를 통해 직접 확인하기 바란다). 물론 주성치의 이런 엉터리 요리는 금방 정체가 들통 나고 만다. 예가 적절했는지 모르겠지만, 어쨌든 요리를 소재로 한 만화나 드라마, 영화에 등장하는 최고 경지의 요리는 십중팔구 만든 이의 '마음'이 담긴 것으로 묘사된다. 그러나 이처럼 립서비스로 점철된 요리가 실제로 등장한다면, 거기 담긴 '마음'이란 것이 오히려 요리의 신뢰성을 떨어뜨리는 소스가 될 것만 같다. 본 재료를 정성껏 다루어 맛내는 데 신경 쓰기보다 현란한 말로 미혹하는 데 주력한 요리는, 결과적으로 '식신' 주성치의 야심작 '첫사랑'처럼 사람들로부터 퇴짜 맞고 말 것이다.

최적의 조리 과정을 담은 레서피를 준수하고, 자잘한 재료를 가지고 고객을 기만하지 않는 자세가 무엇보다 중요하다. 우리 가게에서 이 원칙은 그대로 지켜진다. 늘 같은 메이커의 재료를 사용하고, 레서피에 따라 배합하고, 한 치의 오차 없이 고기 중량을 지킨다. 물론 조리법이 완성되지 않은 요리라면 완벽해질 때까지 변화를 줘야겠지만, 일단 완성되고 나면 이변이 없는 한 그 요리의 조리원칙은 지켜져야 한다. 우리 가게에서 고기를 구매할 때도 마찬가지다. 항상 상등품 고기를 들여오는 것을 원칙으로 삼고 있다. 해당 등급 고기의 가격이 폭등해도 가격을 유지하기 위해서 일정량 이상을 준비해두고, 드문 일이지만 공급이 원활하지 못해 상등품 고기가 준비되지 못하면 아예 장사를 중단한다는 각오로 운영하고 있다.

이런 태도를 유지하는 게 쉬워 보이지만, 사실 웬만큼 의지가 강하지 않고서는 이를 지키기 쉽지 않다. 창업 초기에는 최고의 요리를 만들기 위해 좋은 재료를 쓰는 데 아낌없이 투자하지만, 그렇게 해서 손님이 몰리기 시작하고 어느 정도 안정 궤도에 들면 제조 원가를 낮추고 싶은 욕심이 생기기 마련이다. 그렇게 돈맛을 본 음식점 주인들이 초심을 저버리고 저급한 재료를 써서 음식을 제공하면, 고객들도 슬슬 그 가게의 불량한 냄새를 맡고 발길을 돌리기 시작한다. 요리든 장사든, 이처럼 원칙을 저버린 채 알량한 개인기에 의존하면 곧 한계에 봉착하게 된다.

장사가 잘 풀리든 안 풀리든, 이쯤에서 가게를 정리해야겠다는 생각이 드는 시점이 있을 것이다. 잘 풀리면 좀더 큰 시장을 찾아서 옮기거나, 시세차익을 노리고 가게를 매각하고픈 유혹이 든다. 사정이 시원치 않다면 잘 될 만한 곳을 찾아서 옮기고 싶은 생각이 든다. 이처럼 선택의 기로에 섰을 때 어떻게 하는 게 정답인지는 아무도 모른다. 각각 처한 환경이 다 다르기 때문이다.

이때 떠올려야 할 것이, 처음 가게를 열 때 세워둔 원칙들이다. 모든 조건을 충분히 고려하면서, 자신이 그동안 원칙에 따른 장사를 해왔는가를 반드시 반추해보아야 한다. 그러면 거취를 고려하게 된 현재의 상황에 대한 올바른 진단과 앞으로 어떻게 할 것인가에 대한 판단이 가능할 것이다.

원칙을 세우고 지켜나가는 일. 어찌 보면 간단히 갈 수 있는 길을 미련하게 돌아가는 것처럼 느껴질지도 모른다. 하지만 원칙을 지닌 장사꾼과 그렇지 못한 장사꾼의 격차는, 시간이 지날수록 점점 더 벌어지기 마련이다.

　나는 오늘도 '사랑에 빠진 암퇘지의 엉덩잇살'이 아닌, '상등품 쇠고기'를 알맞게 구워 손님의 테이블에 내놓는다. 이것이 바로 내 장사에 지속적인 영광을 가져다주는 원칙이다.

장사는 마라톤처럼, 무리하지 말고 꾸준하게

　2001년 봄, 친구의 권유로 마라톤을 시작했다. 불어날 대로 불어난 체중을 감량하기 위해서였다. 대학을 졸업하고 1997년 회사에 들어가면서 몸이 서서히 불기 시작하더니, 2000년에는 원래 몸무게보다 20킬로그램이나 늘고 말았다. 출렁거리는 뱃살로 생활하는 고달픔이 전부가 아니었다. 몸매가 늘어지는 것만큼 삶에도 긴장감이 떨어지다 보니, 사회생활 3년 만에 뇌에 굳은살까지 박이는 것 같은 느낌이었다. 점점 배 나온 완고하고 보수적인 한국 남자로 변해가고 있는 나를 가만히 내버려둘 수 없었다. 그래서 지푸라기라도 잡는 심정으로 마라톤을 시작했고, 처음 출전한 대회에서 10킬로미터를 완주했다. 비록 짧은 거리였지만 완주 후 느낀 성취감은 대단했다. 곧장 마라톤 동호회에 가입해, 스스로 세운 목표를 달성하면서 몸을 단련했다. 그렇게 페이스를 적절히 조절해가면서 달리고 또 달려서 나의 체력의 한계점을 꾸준히 갱신해갔다. 그 결과 체지방 11.6퍼센트의 근육질로 변신할 수 있었다. 몸에 기분 좋은 긴장감이 감돌자 사회생활에도 다시금 힘이 들어가기 시작했다. 이때 나는 확실히 알게 됐다. 매너리즘에 빠져 삶이 정체될 때는, 성취감을 고취하는 경영서적을 읽는 것보다 운동으로 몸을 각성시키는 게 훨씬 효과적이라는 것을…….

　이런 생각을 해본다. 장사도 마라톤처럼 하면 좋지 않을까? 얼핏 생각해보니 좋은 방법인 것 같다. 개인적으로 마라톤 덕을 본 경험도 있어서, 충분한 동기부여가 되기도 하니까. 하지만 그 전에 짚어볼 것이 있다. 장사와 마라톤, 둘 사이의 유사성을 발견할 수 있는가 하는 문제다. 그게 검증되어야 '장사도 마라톤처럼 하면 된다'는 명제를 내세울 수 있을 것이다. 마라톤, 잠시도 쉴 없이 줄곧 달려야 한다. 그러면서도 끊임없이 페이스 조절에 신경 써야 한다. 그 조절 속에 '달림'과 '쉼'이 함께 존재한다. 아하, 이렇게 따져 보니 장사도 이와 비슷한 것 같다. 다른 사람의 통제 없이 내 판단과 결정으로 이끌어가는 일이기에, 장사 또한 폐업을 결정하기 전까지 딱히 쉬는 시간이 있을 수 없다. 그러면서도 시장상황을 관찰하면서 끊임없이 완급을 조절해야만 한다. 장사꾼의 입장에서도, 고된 장사에 치여 주저앉아버리지 않도록 스스로 일의 강도를 조절해야만 한다. 이쯤 되니 '장사도 마라톤처럼 하면 된다'는 명제가 얼추 성립하는 것 같다.

　장사는 하루 이틀 만에 끝나는 게 아니다. 이따금 시작하자마자 '잭 팟'을 터뜨리는 경우도 있다고는 하나, 결코 일반적인 현상은 아니다. 슬롯머신을 타고 앉은 사람들이 기계의 흐름을 감지하면서 잭팟이 터질 때까지 계속 동전을 넣어주듯, 장사꾼도 꾸준히 투자하고 변화해야 한다. 창업한 사람들 중 절반 이상이 한 해를 버티지 못하고 무너지는 것도, 이 두 가지를 소홀히 하기 때문이다. 주위에 널려 있는 가게의 주인들 중 많은 수가 꽤 오랜 기간 장사만 해온 프로들이다. 이미 많은 노하우를 축적하고 있는 이들은 잘 보이지 않는 시장의 흐름을 용케도 감지하여 적절히 완급을 조절한다. 이런 프로들과 한 시장 안에서 경쟁해야 하는데, 어찌 어렵지 않겠는가. 개업 후 한동안은 깔끔한 인테리어와 새로운 메뉴로 반짝 재미를 볼 수 있으나, 이 효과는 그리 오래가지 않는다. 그렇다면 장기전에 돌입하기 위해 갖춰야 하는 것은 무엇이 있을까? 마라톤 용어를 빌자면, 그것은 바로 스피드 조절이다.

일반적으로 장사꾼에게는 봄·가을이 성수기이고 여름·겨울이 비수기이다. 성수기에는 영업비용과 재고물량을 늘리고 비수기에는 반대로 하면 된다. 호경기와 불경기의 비중도 알아두어야 한다. 10년을 기준으로 할 때, 호경기는 3년 정도에 불과하고 나머지 7년은 불경기다(그래서 잘 될 때 바짝 벌어놓아야 한다). 계절에 대응하는 자세와 마찬가지로, 호경기에는 일을 벌이고 불경기에는 움츠러들어야 한다. 몇몇 경영서는 불경기에 투자하는 공격적인 경영으로 성공한 사례를 설파하지만, 작은 장사를 하는 사람들에게는 별로 소용없는 조언이다. 각종 데이터를 활용해 치밀하게 짠 전략으로 승부하는 큰 회사가 아니라면, 그저 호황불황의 리듬을 잘 타는 것만으로도 충분하다. 불황에 맞서 공격적인 경영을 할 만한 자본과 인력이, 작은 장사꾼에게는 없기 때문이다. 성수기와 비수기, 호황과 불황의 파도만 잘 타고 넘어도 쏠쏠한 장사를 할 수 있음을 잊지 말아야 한다.

그렇다면 도대체 장사꾼은 언제 가게 문을 닫고 쉬어야 할까? 결론부터 이야기하자면, 장사가 가장 안 되는 날 쉬면 된다. 장사를 시작한 지 얼마 안 된 사람들은 언제 놀아야 하는지 알지 못하고 매일 가게 문을 연다. 장사에 대한 강한 의욕으로 휴일을 없애거나 문 닫은 날의 매출 한 푼이 아까워서 쉬지 못하는 것일 게다. 연중무휴를 확고한 방침으로 정한 경우가 아닌 이상, 쉬긴 쉬어야 한다. 업종마다 조금씩 차이가 있겠지만 일반적으로 통용되는 방법을 소개하겠다. 일단 매출통계를 내어보고, 한주 중 매출액이 가장 적은 요일을 택해 과감하게 놀자. 하루도 쉬지 않아 만성피로에 찌든 얼굴은 애인뿐 아니라 손님들도 좋아하지 않는다. 한주 동안 쌓인 피로는 매출이 오르지 않는 날 하루 쉬는 것으로 말끔히 풀어버리고, 장사 잘 되는 다른 날은 바짝 돈을 벌자.

원하는 것을 얻기 위한 최고의 기술, 말

히틀러는 십대 시절에 부모를 잃고 혼자가 되었다. 넉넉하지 않은 생활 속에서 예술가를 꿈꾸던 그는, 당시 독일 사회에 불던 민족적 우월감을 기반으로 한 반유대주의에 점차 경도되어갔다. 제1차 세계대전이 발발하자 독일군에 자원입대해 전쟁에 참여했고, 독일의 패전을 겪은 뒤엔 더욱 노골적인 독일민족주의자이자 반유대주의자가 되었다. 연설로 사람들을 휘어잡는 '천부적인' 재능이 발휘되기 시작한 때도 이즈음이다. 독일노동당 집회에 참석한 히틀러는 탁월한 연설 솜씨를 선보이며 당 간부의 이목을 끌었고, 곧 당에 가입하게 되었다. 당시 독일노동당은 애국주의로 포장한 반유대주의와 사회주의적 정책을 접목한 신생 정당이었는데, 이러한 당의 정체성을 설파한 히틀러의 대중 연설을 통해 당은 그 입지를 굳힐 수 있었다(이 당이, 우리가 흔히 '나치당'으로 부르는 '독일국가사회주의노동당'의 전신이다). 열변을 토하며 '독일민족의 우수함'을 주장한 그의 연설은, 패전으로 위축되어 있던 독일인들의 감성을 자극하기에 충분했다. 히틀러가 연설하는 곳마다 사람들이 넘쳐났고, 나치당은 점차 당세를 확장해갔다. 히틀러는 나치에 입당한지 불과 2년 만에 당의 실권을 장악했고, 그로부터 10여 년 뒤엔 국가의 실권까지 장악해 그 유명한 세기의 독재자로 자리매김하게 되었다. 감성에 호소하는 탁월한 연설 능력, 그것은 그의 인생의 향방을 좌우한 가장 큰 도구였다.

1960년대 미국의 흑인 해방운동가인 말콤 엑스 역시 대중을 휘어잡는 연설로 한 세상을 풍미한 인물이었다. 어릴 적 그는 목사 아버지를 둔 기독교 신자였다. 그러나 백인우월주의자들의 공격으로 아버지와 형제를 잃고 가족이 뿔뿔이 흩어지게 되자, 그는 학교를 중퇴하고 범죄의 길에 빠져들었다. 스물한 살에 강도죄로 감옥에 들어간 그는, 그곳에서 처음 만난 이슬람교의 정신에 감화되어 개종했다. 그리고 출소 후에는 흑인 해방운동가로 활동하며 흑인 사회에 지대한 영향을 주었다. 특히 두드러진 것은, 흑인의 분노를 대담하게 표출한 그의 언사와

웅변이었다. 과격하고 급진적인 그의 언행에 반감을 갖는 흑인들도 있었지만, 오늘날 마틴 루터 킹 목사와 함께 그를 흑인 해방운동의 양대 산맥으로 꼽는 데 주저하는 사람은 아무도 없다. 킹 목사가 기독교인으로서 비교적 온건한 흑인운동을 이끈 데 비해, 말콤 엑스는 흑인은 물론 미국 내 비주류집단이었던 이슬람사회까지 아우르며 약자들의 손발이 되어주었던 것이다. 흑인이 분노하는 바를 직시할 것을, 그리고 그것을 해소하기 위해 과감히 행동할 것을 주창했던 그의 연설은, 흑인들이 원하는 것이 무엇인지를 분명히 알았기에 가능한 일이었다.

'강한 인간'이란 어떤 종류의 사람일까? 굉장한 육체적 힘을 가진 사람? 육체적 능력의 우열은 운동이나 노동 수행을 통해 쉽게 가려볼 수 있으므로 굳이 여기서 언급할 필요는 없을 것이다. 그렇다면 정신적으로 강한 사람? 영화, TV드라마 혹은 책의 영향 때문인지, 많은 사람들이 '포커페이스'에 능한 사람을 강한 사람이라고 생각하는 경향이 있다. 이러저러한 상황에 처했을 때 감정적 동요를 잘 통제하면서 그 국면에 대처하는 사람이 정신적으로 강한 사람이라는 것이다. 그러나 나는 그렇게 생각하지 않는다. 당장의 흥분은 가라앉히면서도 자신의 현재 감정을 충분히 표현함으로써, 자신이 원하는 방향으로 그 상황을 이끌어갈 수 있는 사람이 진짜 강한 사람이다. 물론 그것은 설득력 있는 말을 통해 이루어져야 한다. 물밑에서 흐르는 미묘한 감정의 줄기를 먼저 휘어잡는 사람이 상대의 마음에 가닿는 통로를 선점할 수 있다.

앞서 언급한 두 인물의 예에서 볼 수 있듯이, 사람들은 선택의 순간에 냉철한 이성에 의한 결정보다는 감정적인 호소에 더 잘 휩쓸리는 면이 있다. 두 인물은 이러한 감정에의 호소를 적극적으로 이용해 그 효과를 극대화한 희세의 선동가였다. 어쩌면 이들이 발휘한 힘은 일종의 초능력이었을 수도 있다. 어지간한 말주변으로는 주변사람 하나 구워삶기 힘든 게 보통인데, 이들은 수천수만 아니 그 이상의 대중에게 자기 생각을 관철시켰기 때문이다. 그러기에 수십 년이 지난 오늘까지도 악명으로든 명성으로든 자신의 존재감을 떨치고 있는 것이리라. 그리고 장사꾼인 우리도, 작으나마 그것을 꿈꾼다. 남을 구워삶아야 계약 한 건 더 따내고 물건 하나 더 팔 수 있다.

그래서 장사를 잘 하려면, 그 많은 테크닉 중에서도 말 잘하는 능력이 필요하다. 야망을 지닌 장사꾼이라면 더더욱 그렇다. 능숙한 전달력으로 구매자에게 올바른 정보를 주되, 그것이 가능한 한 내가 팔고자 하는 물건을 구매하는 데 좋은 영향을 미치도록 해야 한다. 이것이 갖추어질 때 비로소 원활한 영업이 되고, 영업이 잘 되면 장사는 자연히 잘 풀린다. 중요한 건, 이게 단순히 번지르르한 '말발'로 해결되는 게 아니라는 사실이다. 장사꾼이 먼저 제품과 시장, 수요자에 대한 올바른 이해를 가지고 있어야 한다. 그래야만 장사꾼 자신이 좋은 제품을 마련해 둘 수 있고, 이를 좋은 가격에 소비자에게 판매할 수 있다. 히틀러처럼 천부적인 언변을 타고났거나, 말콤 엑스처럼 극단적인 경험을 통해 하고픈 말이 분수처럼 쏟아지게 된 사람이 아닌 이상, 우리는 그 능력을 억지로라도 가꾸어야 한다. 장사꾼의 존재 이유는 제품

을 파는 것이므로, 특히 소비자에게 '먹히는' 말을 할 수 있도록 항상
그 능력을 갈고닦아야 한다.

단순함의 힘

'인텔'이라는 회사 이름을 들어보지 못한 사람은 거의 없을 것이다.
인텔 사가 세계인들에게 자신의 존재를 크게 어필하기 시작한 건 1991
년의 일이라고 한다. 개인PC 보급이 일반화되지 않았던 당시, 인텔 사
는 자사 CPU 제품의 브랜드를 차별화하기 위해 특단의 조치를 취했
다. 우리가 익히 들어 알고 있는 '인텔 인사이드(Intel Inside)' 캠페인
을 집행하기 시작한 것이다. 개인PC가 보급되기 시작한 초기에 286,
386, 486 등의 숫자가 사람들의 입에 오르내리곤 했다. 사실 이 숫자
는 인텔 사가 개발한 16비트, 32비트 마이크로프로세서의 브랜드네임
이었다. 그러나 이처럼 숫자로 이루어진 브랜드는 상표등록이 불가능
했고, 경쟁사들이 동일한 브랜드를 사용함에도 불구하고 법적 보호를
받을 수 없는 상황이었다. 이 난관을 타개하기 위해 시작된 게 바로
'Intel Inside(인텔 제품이 들어 있습니다)' 공동 광고 프로그램이었
다. 인텔의 CPU를 공급받는 IBM, COMPAQ 등 유명 컴퓨터업체의 컴
퓨터 완성품 외부에 'Intel Inside' 로고를 노출시키는 동시에, 인텔 사
도 자체 광고를 통해, 좋은 컴퓨터를 찾는다면 로고만 확인하라는 심
플한 메시지를 소비자들에게 주입시킨 것이다. 이 전략은 크게 성공하

여, 오늘날 인텔 사와 'Intel Inside' 로고는 좋은 컴퓨터를 대표하는 신뢰의 상징이 되었다.

이와 비슷하게, 세계적인 스포츠의류 브랜드인 나이키 사의 갈고리 모양 마크도 전 세계 소비자의 뇌리에 깊이 각인되어 있다. 나이키 제품에 영문표기 'NIKE' 없이 이 마크만 새겨져 있어도 사람들은 그것이 나이키의 제품임을 단번에 알아차린다. 오늘날 세계적인 기업들은 이처럼 단순한 체계로 소비자들에게 어필할 수 있는, 특정 언어나 문화권의 특수성에 구애받지 않으면서 전 세계 다양한 문화권을 아우르는 홍보 수단을 마련하는 데 혈안이 되어 있다. 인텔이나 나이키의 사례에서 확인할 수 있듯, 어떤 상황적 한계에도 제약받지 않는 절대적 힘은, 바로 '단순함'으로 귀착된다.

장사에 성공한 사람들은 일단 머리 좋은 사람으로 볼 수 있다. 장사를 시작하기 전 충분한 사전 연구를 거쳐 실전에서 성공한 사람이든, 그렇지 않고 바로 실전에 뛰어들어 동물적 감각을 발휘해 성공한 사람이든, 현명함을 발휘하지 않고는 그런 성공을 이룰 수 없었을 게다. 이 따금 '어쩌다보니' 성공한 사람들도 있다고는 하지만, 이는 아주 드문 경우다. 똑똑하지 않고서는, 혹은 똑똑함을 발휘하지 않고서는 확실한 성공을 거두기 힘들다. 그렇다면 이를 가능하게 하는 능력은 어떤 유형의 것일까?

그것은 업무 전반을 단순하게 처리하는 능력이다. 장사꾼은 각종 관련 정보와 저마다 분분한 의견, 기타 여러 가지 경우의 수를 낳는 요소들을 한꺼번에 접한다. 이런 것들이 장사꾼의 머릿속에 들어갔다 나오면서, 누구나 쉽게 이해하고 활용할 수 있는 단순한 형태의 명령 혹은 구호, 기호 따위로 처리된다면 더할 나위 없이 좋을 것이다. 이렇게 단순화된 프로세스는 우선, 직원들의 정확한 업무 수행에 도움을 준다. 그밖에 비용 절감 효과를 볼 수 있음은 물론, 오너 본인의 업무 스트레스를 줄이는 부수적인 이득까지 볼 수도 있다.

무엇보다 큰 이점은 제품 판매 측면에서 찾아볼 수 있다. 소비자들은 넘쳐나는 제품 정보 속에서 무엇을 선택해야 할지 갈피를 잡지 못하고 있다. 이들이 시장이라는 복잡한 숲속에서 길을 헤매지 않고 우리 제품에 바로 접근하게 하려면, 한눈에 들어오는 이정표를 그들 앞에 세워야 한다. 군더더기 없는 단순명쾌한 어필이 그런 이정표 기능을 할 수 있다. 벨소리에 불과한 로고사운드 하나, 갈고리를 닮은 단순한 마크 하나가 전 세계인의 소비생활에 절대적 위력을 발휘한 사례를 상기하자. '단순함의 힘'은 글로벌 기업뿐 아니라, 일개 장사꾼에게도 절실히 필요한 능력이다.

운이 따르게 하는 법1—'풍림화산'의 메시지

한동안 프로골퍼 박세리의 어렸을 적 일화가 화제가 된 적이 있다. 그녀가 거친 독특한 훈련에 관한 이야기다. 박세리의 부친인 박준철 씨는 그녀를 세계적인 골퍼로 키우기 위해 매우 강도 높은 훈련을 시

켰는데, 그중 재미있는 게 바로 공동묘지에서의 훈련이다. 박준철 씨
는 어린 박세리를 한밤중에 공동묘지에 올려 보내곤 했다. 박세리는
거기서 샌드웨지 샷을 수없이 날려야만 했는데, 그게 다 그녀의 담력
을 키워주기 위한 것이었다고 한다. 1998년 유에스오픈에서 그녀가
보여준 이른바 '맨발투혼'도, 이렇게 단련된 그녀의 배짱에서 비롯된
것일 게다. 그녀가 보인 담력은 신인의 패기보다는, 잘 다져진 용기에
가까운 것이었다. 서슴없이 양말을 벗고 해저드 속에 들어가 빠진 공
을 쳐올리던 그녀의 투지는, 당시 국가부도 위기에 처해 위축되어 있
던 한국인에게 자신감을 불어넣어주기에 충분했다. 이후 박세리는
LPGA를 대표하는 선수로 활약하며 세계적인 골퍼의 반열에 올랐다.

이처럼 스포츠에서는 담력이나 배짱이 약발을 올리는 경우가 많다.
곤란하거나 애매한 상황에서도 주눅 들지 않고 제 페이스대로 피치를
올리는 선수가 승리할 확률이 높은 것이다. 이렇다보니 이전부터 이겨
온 선수가 계속 이기는 결과가 속출한다. 노련함에서 나오는 뱃심이
신인의 당찬 패기를 꺾어버리기 쉽다. 그리고 경기가 끝난 뒤에는, 이
긴 선수나 진 선수 모두 '운'을 입에 담는다. 결국 승리의 '운'은, 이전
부터 이기던 선수를 더욱 잘 따라다닌다는 결론이 선다. 불리한 위치
에 선 사람에게 운이라도 잘 따르면 좋으련만, 얄밉게도 운은 강한 사
람에게 철썩 달라붙는다. '운도 실력'이라는 말이 새삼 그럴싸하게 들
리는 순간이다.

장사에서도 이 모양새는 그대로 재현된다. 거대한 세계시장이든 조

그만 동네시장이든 잘 나가는 장사꾼 몇몇이 돈을 쓸어 담아가고, 나머지는 그 나락을 겨우 주워간다. 돈 좀 모았다는 사람들은 그저 운이 좋았을 뿐이라고 말한다. 가게를 열자마자 취급 품목에 품귀현상이 일어 제품이 없어서 팔지 못할 정도가 되었다거나, 고물상을 해먹던 땅이 졸지에 금싸라기 땅으로 변신했다는 게 그들이 말하는 것의 전부이다. 도대체 무엇이 이 '가만히 있던' 사람들을 도와줬단 말인가? 따로 타고난 복이 있어서 그렇게 성공한 것일까? 억울해 하지만 말고 가만히 생각해보자. 이런 사람들은 일단 무언가 일을 벌였다. 얼마쯤 돈을 들여 가게를 차렸고, 하릴없이 놀리던 땅에 고물을 주워와 쌓았다. 로또 일등에 당첨된 사람도, 맨 처음에 얼마쯤 돈을 들여 그 로또복권 하나를 샀다. 성경 말씀을 본떠 표현하자면, 그의 로또 당첨 사태에는 "태초에 오천 원(을 주고 산 종잇조각)이 있었다".

'운'이라는 놈은, 여간해서는 제 갈 길을 드러내지 않는다. 자신이 깃들 곳이 마련된 후에야 그 자리에 앉아 모습을 드러낸다. 따라서 자신이 하려는 장사에 운이 따를 것인지 궁금한 장사꾼은, 우선 가게를 열어봐야 한다. 누구에게든 어떤 일에든 위험은 있기 마련이다. 불확실한 미래를 들여다보면 두려움이 앞서는 게 당연하지만, 이 두려움이 오래 묵으면 부정적인 추측으로 변신한다는 것을 알아야 한다. 많은 이가 보이지 않는 전망에 개탄하면서 제자리에 안주하고 있을 때, 뱃심 잘 다져진 사람 몇몇은 용기를 부려본다. 갈 곳 몰라 하던 운은 이때를 놓치지 않는다. 배짱 좋게 시작한 장사에 운이 척척 달라붙는다. 이를 목격한 사람들이 덩달아 가게를 열어보지만, 이미 운들은 제 집을 찾아 모두 떠난 뒤다. 몇몇 잘 나가는 장사꾼들만이 기름진 시장을 온통 발라먹고, 나머지는 없는 나락만 줍고 돌아서게 되는 게 바로 이런 이유에서이다. 한 가지 분명히 하고 싶은 건, 단순히 두둑한 배짱만 가지고 있어서는 안 된다는 것이다. 이미 말했듯, '노련함에서 나오는 뱃심'이 있어야 한다. 이를 잘 표현한 말이 손자병법에 나오는 '풍림화산(風林火山)'이라는 말이다.

"빠르기가 바람과 같고, 고요하기는 숲과 같다. 치고 앗을 때는 불처럼 하고, 움직이지 않을 때는 산처럼 한다. 숨을 때는 어둠 속에 잠긴 듯하다가도, 움직일 때는 벼락 치듯 적에게 손쓸 기회조차 주지 않아야 한다."

장사꾼에게도 이런 배짱과 노련함의 지략이 필요하다.

운이 따르게 하는 법2—대가의 모든 것을 모방하라

영화나 드라마에는 전형적인 캐릭터가 많이 등장한다. 전형적인 재벌, 전형적인 깡패, 전형적인 수재, 전형적인 살인범, 전형적인 가정부…… 물론 영화나 드라마는 일상의 특수한 경우만을 압축시켜 상황을 설정하므로, 현실과 괴리된 모습을 보이는 게 다반사다. 그러나 그 속에 등장하는 캐릭터들은 현실 속 사람들의 모습을 빼닮은 경우가 많다. 작가, 감독(또는 프로듀서), 연기자 모두 캐릭터의 전형을 살리기 위해 많이 관찰하고 묘사한 결과다. 이때 이들은 사람들의 직업특성,

외양, 행동양태 등 다양한 요소들에 주목한다. 이런 것들이 충실히 관찰되고 조화롭게 묘사되면 현실을 닮은 인물들이 창조된다. 이처럼 '전형'을 찾는 작업은 영상이나 문학작품을 만들 때만 필요한 게 아니다. 우리가 주목하고 있는, 잘 나가는 장사꾼이 되는 데도 활용할 수 있는 작업이다.

잘 나가는 장사꾼의 모습을 닮아가려는 노력은 두 가지 측면에서 효과를 낸다. 하나는 소비자의 반응이 달라진다는 점이다. 장사꾼의 외양이나 태도가 그 업종의 전문가 냄새를 살짝이라도 풍긴다면, 무방비 상태에 있던 소비자들은 어느새 그 장사꾼에 대해 적잖은 신뢰를 갖게 된다. 이 단계에서 장사꾼이 조금만 더 '교태'를 부려본다면, 소비자는 제품 한두 개쯤 사지 않고는 못 견딜 것이다. 하지만 이런 '닮아가기'의 본질적인 효과는 다른 데 있다. 장사의 대가(大家)들에게서 흘러나오는 온갖 풍미를 모방하다보면, 실제로 자기도 모르게 그러한 장사꾼으로 변해가게 된다. 순간의 연기로 소비자를 구워삶기 이전에, 자신을 먼저 구워삶아 농익은 장사꾼으로 변신시킬 수 있는 것이다.

사람들은 다재다능하기 쉽지 않다. 이따금 다재다능함을 보이는 사람이 나타나면, 다들 그에 대한 부러움을 감춘 채 대단한 찬사를 보낸다. 사실 사람들은 자신의 재능이 어떤 것인지조차 정확히 파악하기 어렵다. 용케 한두 개쯤 자신의 재능을 발견한다 해도, 그것을 활용할 만한 분야가 자신의 이상에 어긋나는 쪽이라는 생각이 들면 그 재능마저 썩혀두기 십상이다. 하지만 적절한 분야에 뛰어들어 그 재능을 적극 활용한다면, 자신의 추가적인 노력 여하에 따라 그 분야에서 얼마

든지 두각을 드러내 보일 수 있다. 여기에 조그마한 운만 따라준다면 최고의 자리에 오르는 것도 요원한 일은 아닐 것이다. '노련함에서 비롯된 배짱'이 운을 불러온다는 건 앞서 언급했다. 여기에 운이 보이는 특성 한 가지를 더 추가한다. 운도 인과의 법칙에서 크게 벗어나지 않는다는 게다. 일상에서 행했던 성공을 불러올만한 괜찮은 습관들이 쌓이고 쌓였다가 어느 순간 '짠' 하고 나타나는 게, 바로 운이다.

그렇다면 성공을 불러올만한 습관이라는 게 과연 어떤 것일까? 많은 선배들이 펴낸 '성공을 부르는 습관' 유의 책들을 보면 이를 조목조목 잘 설명해놓았다. 하지만 그 습관이란 게 너무 많아서, 외워뒀다가 하나하나 실행해 보기가 귀찮다. 또한 모든 이에게 공개된 것들이어서 그 약발도 덜할 것만 같다. 그렇다면, 그들보다 욕심이 많은 나는, 또 당신은 어떻게 해야 할까? 고민할 것 없다. 내 눈과 귀로 보고 들어서 알게 된, 혹은 그 업종 종사자들 사이에 알려진 대가의 모든 것을 모방하면 된다(그게 불가능하다면, 주변 사람 중에서 잘 나가는 장사꾼이라도 따라해보라). 그의 말본새, 행동거지, 외모, 드레스코드, 취미, 사상, 일상 패턴 등 거의 모든 것을 관찰하고 따라하면 된다. 한동안 그렇게 하다보면 그가 왜 성공했는지 알 수 있을 것이다. 그 사람이 대가의 경지에 오르기까지, 그가 지닌 습관의 씨실과 날실들이 교직하며 성공의 옷을 지어갔을 테고, 그 옷은 자연스레 그에게 입혀졌을 것이다. 물론 대가를 따라한다고 해서 무조건 성공하는 건 아니다. 단지 그럴 확률이 높아진다는 말이다. 이 자그마한 확률의 차이, 다시 말해 인과의 법칙에 의한 결과일 뿐인 운의 발현이, 같은 조건의 장사꾼들 사이에선 성패를 가르는 중요한 차이가 될 수 있다.

육체노동의 즐거움

　우리 주변의 다양한 직종 가운데는, 이른바 '노가다'라 불릴만한 것들이 참 많은 것 같다. 그런데 요즘엔 원래 의미와 달리 해석되어, 원조 노가다가 보기엔 어림없는 직종의 사람들이 노가다임을 자임하는 상황이 벌어지고 있다. 디자이너, 출판편집자, 작가, 프로듀서, 컴퓨터 프로그래머 등 지식노동자들이, 야근을 일삼는 자신들의 처지를 자조하며 '노가다'라는 표현을 쓰고 있는 것이다. 이건 잘못된 표현이다. '진정한 노가다'라 할 수 있는 건축업 종사자들은 저들처럼 노상 밤새워 일하지 않는다. 특히 '기술자'라 불리는 각 영역 전문가들—전기, 도배, 타일, 목수, 미장, 설비 등—은 웬만해선 밤샘작업을 하지 않는다. 그들의 고임금에 야근수당까지 더해지면 그 인건비가 더 높아질뿐더러, 그들도 굳이 밤새워가며 일하려고 하지 않기 때문에, 자연스레 그런 노동환경이 형성된 것이다. 가끔 있는 야간작업도 겨우 한두 시간이면 끝난다. 이들의 작업 방식도 예전과는 크게 다르다. 각종 최신 공구를 구비해 체계적으로 작업하고, 무계획한 상태에서 '되는 대로' 최선을 다하는 맥가이버식 공사도 하지 않는다. 게다가 애프터서비스도 확실하게 해준다.

문외한 주제에 남의 직종 우습게 본다는 소리 듣기 딱 십상인 말들은 이만 거두고, 지금부터 내 경험을 통해 본, 육체노동의 진짜 면모를 짚어보겠다. 업종마다 사정이 조금씩 다르겠지만, 소규모 자영업을 하려면 상당한 육체노동을 감수해야 한다. 우리가 쉽게 떠올리는 음식점, 슈퍼마켓, 미용실, 세탁소만 들여다봐도 이를 알 수 있다. 정적인 업무를 수행하는 것 같아 보이는 공인중개사도 예외 없이 엄청난 발품을 팔아 돈을 번다.

내가 사는 동네에도 공인중개사사무소가 무척 많다. 이곳 공인중개사들을 보면 젊은 사람들이 프로답게 일을 참 잘한다는 생각이 들 때가 많다. 이사 들고나는 것을 확인하는 것은 물론 전기, 가스요금 등 각종 공과금도 정확하게 계산해서 정리해준다. 뿐만 아니라 저렴한 청소, 벽지, 바닥재, 인테리어업체들을 무료로 연결해준다. 물론 정해진 중개비만 받으면서 이런 서비스를 제공하는 것이다. 이들의 깔끔하고 정확한 일처리는 임대업자와 세입자들 모두에게 만족을 안겨준다. 이 같은 서비스가 가능한 비결은 무엇일까? 그들이 발품을 아끼지 않기 때문이다. 번듯한 사무실에 앉아 전화 통화만으로 업무를 처리할 수도 있지만, 그들은 일부러 한 번이라도 더 시간을 내어 고객을 찾아간다. 이렇게 하면 고객의 요구에 신속하고 정확하게 응대할 수 있다. 이렇게 쌓은 신뢰는 지역 주민들의 입소문을 타고 빠르게 퍼져나간다. 이로써 그 중개업자에게는 많은 일이 쏟아져 들어오게 되고, 그만큼 많은 중개료 수익을 올릴 수 있다.

사무직에 종사하는 사람들에게 육체노동은 고되기만 한 일로 받아

들여질 수 있다. 그러나 결코 고되기만 한 일은 아니다. 육체노동은 그 성과물이 바로바로 나타나기 때문에, 일을 하면서 느끼는 성취감이 대단하다. 그리고 장시간에 걸쳐 할 수 있는 일이 아니므로 업무시간이 주간으로 한정된다. 따라서 그날 달성해야 하는 목표는 그날 대부분 처리되고, 자연히 업무에 대한 긴장감과 그로 인한 스트레스가 계속 이어지지 않는다. 신체에 무리가 가는 노동을 하지 않는 한, 규칙적이고 적당한 운동을 하면서 건강을 챙길 수도 있다.

육체노동에 대한 이런 생각은 어디까지나 내 경험에 비추어 본 것이다. 가게에서 홀과 주방을 오가며 일해야 하는 나에게, 육체노동은 단순히 피곤한 고된 일만은 아니다. 오히려 즐거움으로 다가올 때가 많다.

설거지를 예로 들어보겠다. 설거지는 더도 덜도 없는 단순반복노동이다. 주방에 들어가 산처럼 쌓인 그릇들을 설거지하고 있으면 나도 모르게 사소한 고민들을 잊게 된다. 한여름에 하는 설거지는 또다른 즐거움을 준다. 삼복더위에 푹푹 찌는 주방에서 설거지를 하면 땀이 나기 마련인데, 묵묵히 서서 흐르는 땀을 닦다보면 살아있는 느낌을 받곤 한다. 물론 사장인 내가 가게 안에서 직접 몸을 써서 하는 일은, 직원들에 비하면 많지 않다. 하지만 몇 년째 가게를 운영하면서 적잖이 육체노동을 해온 결과, 다음과 같은 결론을 얻었다.

"정신노동을 한 뒤에는 소모된 정신의 찌꺼기가 남지만, 육체노동을 한 뒤에는 정신이 정화된다."

위기의 순간에 필요한 것, 배짱

"페르시아군은 태양이 가려질 정도로 수많은 화살을 쏘아댈 것이다." 그러자 스파르타 군인 중 하나가 말했다. "그거 잘 됐군, 그늘에서 싸우게 되었으니."— 헤로도토스, 『역사』

위 인용문은, 스파르타군 3백여 명이 그리스 주력군의 후퇴를 돕기 위해 테르모필라이에서 페르시아 대군에 맞서 싸우다가 쓰러져간 장면을 묘사한 글의 일부이다. 죽음을 앞두고 그런 멋진 말을 남길 여유가 있었는지 의문스럽지만, 아무튼 스파르타 병사의 기개는 대단하다.

스파르타 병사들에게 닥친 위기만큼은 아니더라도, 장사꾼에게도 살 떨리는 위기는 찾아온다. 만만찮은 경쟁업체가 생기거나 제품에 대한 소비자의 선호가 바뀌어서, 혹은 상권 자체가 확 바뀌어서 매출이 뚝 떨어지는 경우가 이따금 찾아오는 것이다. 물론 이외에도 많은 종류의 위험요소가 있어서, 장사꾼은 한시도 마음을 놓을 수 없다. 매출이 서서히 줄어든다면 재투자가 필요한 시점이라고 판단하고 대응할 수 있지만, 매출이 갑작스레 줄어든다면 심각한 시장 환경 변화가 원인이어서 쉽사리 손쓸 수도 없다. 이처럼 코너에 몰렸을 때 얼른 정신 차리고 빠져나오기 위해 장사꾼에게 필요한 덕목은 무엇일까? 재빨리 새로운 곳으로 옮겨 새로 가게를 차리는 민첩함? 이것도 방법이 될 수 있겠지만, 과도한 손실을 감수해야 하므로 그다지 권하고 싶지는 않다.

이럴 때는 조급함을 떨쳐버리고, 테르모필라이 항전에 임하는 스파르타 병사의 배짱을 가져보는 게 좋다. 우선 심호흡을 한번 하고나서, 지금부터 자신이 해볼 수 있는 방법이 어떤 것들이 있는지 최대한 살펴본다. 처음 장사를 시작할 때의 마음가짐으로 돌아가 다시 시장조사를 해보고, 그 결과를 분석해 위기를 헤쳐나갈 방향을 재설정한다. 그 다음엔 지금까지의 매출통계를 내보고, 그에 따른 구조조정을 해야 한다. 강세를 보인 품목에 힘을 실어주고 약세를 보인 품목은 과감하게 퇴출시킨다. 이렇게 매출 하락 시점에는, 과도한 비용을 들이지 않는 범위 내에서, 그동안 여유가 없어 시도하지 못했던 다양한 대안들을 도입해보는 것이 좋다.

사실 오너의 기량은 위기가 닥쳤을 때 비로소 확인된다. 많은 오너들이 위기를 제대로 바라보고 대처하는 데 실패한다. 기량이 부족한 장사꾼은 위기가 닥쳐왔을 때 막연한 두려움과 걱정 속에서 하루하루 시간을 허비하다가 뒤늦게 애먼 데 손을 써 사태를 더 악화시킨다. 장고 끝에 악수를 둔다는 말이 딱 어울리는 장면이다. 이처럼 기량이 부족한 사람을 그저 머리 나쁜 사람으로 봐야 할까? 이들의 문제는 지적 수준이 부족한 데 있지 않다. '배짱 부족'이 문제의 핵심이다. 배짱이 부족한 사람들은 위기 상황에서, 자신이 가지고 있던 역량조차 발휘하지 못한 채 몰락하고 만다. 반대로 배짱 두둑한 사람들은 위기 순간에 더욱 빛을 발한다. 그들은 산적한 난제들에 주눅 들지 않고 그것을 직시한다. 그리고 정면으로 대처해 살 길을 모색한다. 살고 죽고는 이렇게 배짱에 달려 있음을 명심해야 한다. 그리고 또 한 가지. 많은 위기 상황이나 위험 요소들은, 실제로 맞서 보면 예상보다 별 것 아닌 경우가 많다. 또한 맞서고 있던 난제들 가운데 시간이 흐르면 자연스레 해결되는 일들도 꽤 많다. 이런 뜻밖의 희망 역시, 배짱 있는 장사꾼에게나 찾아오는 것들이다.

파산으로 가는 길

인생의 부침을 그래프로 만들어 보면 상승하강의 사이클이 계속 반복되는 것을 확인할 수 있다. 이것의 전반적인 흐름이 상승하는 경향을 보인다면 그는 성공할 것이고, 그 반대라면 그렇지 못할 것이다. 그 중 하강곡선이 회생 불가능일 정도로 급격한 추락을 보이는 지점이 나타난다면, 그 순간이 바로 '망하는' 순간이다. 수많은 장사꾼이 파산을 한다. 능력이 부족해서 그렇게 되는 것일까? 그렇게 단순하게만 생각하기 힘든 게, 우리가 아는 유능하기로 소문난 기업인들도 종종 망한다. 이들의 인생 그래프에 정점이 찍히는 순간은 어떻게 포착할 수 있을까? 조금 지나친 추측일 수 있지만, 그들의 자서전이 출간되거나, TV나 신문에 크게 성공 스토리가 소개되는 시점이 그 정점의 순간이 아닐까?

십여 년 전쯤, 국내에서 대단한 명성을 누리던 기업의 대표들이 막대한 금액의 부도를 내며 줄줄이 도산한 일이 있었다. 마스크로 얼굴을 가린 채 휠체어를 타고 법정을 나선 그들은 "사회적 물의를 일으켜 죄송하다"는 말을 남기고 사람들에게서 잊혀졌다. 그들은 부도를 내기 직전까지는 사회적 존경을 받는 모범 경영인이었다. 한동안 각종 언론매체의 지면을 장식하는 영광을 얻은 그들은, 그 화려한 시절에는 자신들이 조만간 그토록 처절하게 스러져갈 것임을 상상조차 하지 못했을 것이다. 그들의 화려한 시절은 불과 몇 달, 길어야 한두 해를 넘기지 못했다. 김우중이나 정주영 같은 사람들이 자서전을 펴내 온 국민의 필독서로 만든 뒤 곧 인생의 내리막길에 들어선 것을 봐도, 미디어와 장사꾼 흥망과의 관계는 참으로 깊어 보인다. 과시욕을 주체하지 못하는 장사꾼은, 탄탄한 성공을 위해 내실을 기해야 할 때 대중매체에 출연하며 겉치장하는 데 정력을 쏟을 것이다. 그렇게 조금 더디 올 수도 있는 망조가 훨씬 앞당겨지게 된다. 아무튼 파산은 이렇게 호시절의 꼬리를 물고 찾아오는 경우가 많다. 화무십일홍이라는 말이 역시나 명불허전이다.

창업 후 실패하는 사람들이 변명 비슷하게 하는 말이 있다. "좋은 경험을 했다" "다음에는 잘해볼 수 있을 것 같다" 따위의 말들. 이삼십 년 전의 낭만파 창업자들이나 했을 법한, 지금으로선 결코 공감할 수 없는 말들이다. 요즘 세상에선 한번 실패하면 금방 신용불량자 신세로 전락해 다시 일어서기 힘든 게 현실이다. 은행에서 대출을 해주지 않는 건 아무 것도 아니다. 알고 지내던 많은 이들이 실패한 사람에게 등을 돌린다. 신용불량 신세를 지나 파산에 이르면 친구들은 물론 가까운 친척들이나 가족까지 그를 피한다. 실패한 사람에게 등을 돌리는 이들을 마냥 비난할 수도 없다. 가난한 소시민에게 돈이 없음은 곧 죽음을 의미하는 사회풍토에서, 그들도 살기 위해서는 어쩔 수 없이 제 몫을 지키고 봐야 하기 때문이다.

장사로 먹고 살려는 사람에게 세상은 이처럼 각박한 곳이다. 창업 후 가게가 잘되면 모두들 모여들지만, 사정이 나빠지면 언제 그랬냐는 듯 멀어져간다. 하지만 명심할 것은, 애초에 창업은 모든 사회적 보호 망을 스스로 벗어던지는 행위라는 것이다. 우리는 각종 사회적 시스템 으로부터 알게 모르게 보호받고 있다. 어릴 때는 가정과 학교로부터, 성인이 된 후에는 가정과 직장으로부터 보호받으며 살아간다. 일반적 으로 직장인들은, 회사가 적은 임금에 자신들의 젊은 노동력을 착취한 다고 생각하기 쉽다. 하지만 자신의 처지를 자영업자와 비교해볼 필요 가 있다. 회사는 직원의 각종 보험과 연금을 지불해준다. 또 손실을 입 어 회사 사정이 나빠지더라도 임금을 쉬 깎지 않는다. 영업 손실이 너 무 커 회사가 망하는 최후의 상황에도, 직원 개인은 퇴직금만 날리는 것으로 끝난다. 그러나 자영업자는 이 모든 책임과 의무를 혼자 감당 해야 한다. 장사가 망해 나락에 떨어지는 장사꾼을 받쳐줄 보호망은 아무 것도 없다. 따라서 모든 것을 쏟아 붓고 연 가게가 망하는 순간, 그 장사꾼은 파산하는 것과 다름없다.

세계에서 가장 규제 많기로 소문난 우리나라에서도 창업에 대해서 는 자격제한을 거의 두지 않는다. 누구나 마음만 먹으면 창업할 수 있 는 '기회의 땅'이다. 사실 창업을 하라고 국가가 등 떠미는 실정이라고 봐도 무방하다. 국가 차원에서는 창업하고 폐업하는 모든 경제 활동이 국가경제의 활력과 성장을 의미하기 때문이리라. 그래서 사회지도층 인사나 경제전문가들은 각종 대중매체를 빌려, 창업을 꿈꾸는 사람들에게 용기와 희망을 불어넣어준다. 어찌하겠는가? 젊은 사람들은 직장을 잡지 못하고, 나이 든 사람들은 갖가지 이유로 조기퇴직당해 온 나라에 실업자가 넘쳐나는 이 판국을……. 통계상으로나마 실업인구를 줄여야 하는 위정자들로선 당연히 이들을 창업으로 유도할 수밖에 없다. 이렇게 오늘도 많은 이들이 장사꾼의 세계에 발을 들인다. 여차하면 파산으로 가게 되는 길에 들어서는 것이다. '다이내믹 코리아'의 씁쓸한 자화상이다.

자부심을 넘어선 자만심

사람들은 자신이 처음 접해보는 유형의 일을 맞닥뜨리면 속된 말로 일단 '쫄게 된다'. 그러나 대부분의 일이 그렇게 마냥 쫄고만 있을 수는 없는 일이다. 정말로 만만치 않은 일일지도 모르지만, 해낼 수 있을 거라는 자신감을 가지고 덤비면 얼추 모양새를 갖추어 일을 끝마치게 된다. 그리고 이런 경험이 계속 쌓이면서 자신의 능력에 대한 자부심을 가지게 된다. 남들이 대단치 않게 여기는 실적일지라도 자신에게만은 대단한 커리어로 다가오는 것이다. 뽐내고 싶어지기까지 한다. 이쯤 되면 남들이 자만이라고 부르는 지경까지 온 게다. 자만심,

가져서는 안 되는 마음인가? 대대로 겸손을 중시해온 나라에서 이런 마음을 가지면 조금 재수 없는 인간으로 취급받지만, 나는 여기에 이의를 제기한다. 겸손이 중요할 때도 있지만, 적어도 내 일을 할 때는 겸손하기만 해서는 안 된다. 자신의 생각과 기준에 충실한, 강한 자세가 필요하다. 이런 자세로 일을 추진해서 남들이 대단히 여길만한 좋은 결실을 맺었다면, 그건 충분히 뽐낼만한 커리어인 것이다. 가식적인 겸손 따위는 집어치우고 마음껏 자신의 오늘을 뽐내보자. 자신에 찬 내 모습에 의심의 눈초리를 보내다가 뒤늦게 굽실거리는 주위사람들에게 카운터펀치를 날려주자. 애초에 그들은 내게 도움을 주는 이들이 아니었다.

조금 살아봤더니 보인다. 살면서 나에게 도움을 주는 사람은 평소에 잘 알고 지내던 이들이 아닌 경우가 많다. 동창, 동료, 친구, 심지어 일가친척까지, 내 동지라고 알고 지내던 이들이 시기와 질투에 휩싸여 나를 깎아내린다. "사촌이 땅을 사면 배가 아프다"는 속담도 있지 않은가. 잘난 척하다가 재수 없다고 따돌림 당하는 상황을 두려워하지 말라. 사람들은 자신에게 도움이 되는 사람이라는 생각이 들면, 내가 아무리 재수 없어 보인다 해도 비위를 맞추며 다가온다. 물론 내 면전에서만 그렇게 하는 것이겠지만, 안 보이는 곳에서 해대는 나에 대한 뒷이야기는 금세 없어질 것이므로 크게 신경 쓸 필요 없다. 달면 삼키고 쓰면 뱉는 식의 생활태도는 이 도시에 사는 모든 이가 공유하는 것이므로, 그 모든 반응에 날카롭게 신경을 곤두세울 필요는 없다.

자만심을 그럴싸한 이름으로 바꾸면 '자긍심' 정도로 불릴 수 있을 것이다. 이 자긍심은 타인이 인정할 때 비로소 내게 주어지는 것이 아니다. 첫 달 수입을 적금하고 은행 문을 나서는 초보 장사꾼의 흡족한 미소처럼, 자긍심은 별스럽지 않은 것이다. 쌓이는 실적 하나하나를 한없이 대견하게 생각하는 자세는 자신에게 무형의 자산이 될 수 있다. 돈 한 푼 들이지 않고도 자신의 능력을 몇 배로 부풀릴 수 있는 이스트와도 같은 것이 바로 자긍심이다. 그러나 우리나라에선 지나치게 겸손만을 미덕으로 여겨, 자긍심을 가질 때 더욱 발전할 수 있는 사람의 발목을 잡는 일이 많다. 잘난 사람이 잘난 척을 해도 비난하고, 못난 사람이 잘난 척을 해도 비난한다. 남들과 다른 빛을 낼 줄 아는 사람이 그 빛을 모두에게 비춰준다면 세상은 새로운 가치 하나를 더 얻는 셈인데, 사람들은 그 다른 빛을 보려고 하지 않는다. 당연히 이런 사회는 늘 정체되어 있을 수밖에 없다.

나는 자신의 빛을 한껏 내비치는, 잘난 사람을 좋아한다. "언젠가 나도 저 정도로 멋진 장사꾼이 되어야지" 하는 식으로, 그는 나에게 동기부여를 해준다. 그렇다고 못난 사람을 경멸하는 것도 아니다. "나도 처음 장사를 시작할 때 저 사람처럼 어리숭했지" 하며 자신을 돌아보는 기회로 삼는다. 다시 한 번 말하지만, 자신에 대한 남들의 시기와 질투, 이중적인 태도는 크게 신경 쓸 필요가 없다. 하나하나 민감하게 반응하다 보면 스트레스만 심해지고, 스스로 위축되어 활동 폭만 좁히게 된다

제대로 장사하려면 자부심을 넘어선 자만심이라도 가져야 한다.

귀찮은 잔소리꾼이 되지 말자

우리나라에는 정말 멋진 속담 하나가 있다. "남의 잔치에 감 놔라 배 놔라 한다." 주제넘게 남의 일에 간섭하는 사람을 꼬집는 속담이지만, 사실 한국 사람 대부분이 이 속담의 조롱으로부터 자유롭지 못하다. 아니, 우리 전통사회 전체를 조롱하는 말일 수도 있다(우리는 스스로 주제 파악을 너무 잘하고 있었던 게다!).

이놈의 코리아는 오래전부터 대단한 네트워크 사회였다. 혈연, 지연, 학연 따위로 촘촘히 연결되어 서로를 통제해왔다. 물론 이런 상호 감시시스템은 개인이 나쁜 짓을 저질러 집단 전체를 망신시키는 것을 막는 순기능을 하기도 했다. 하지만 동시에 이 기능은 개인의 새로운 발상이나 도전을 가로막는 장애물이기도 했다. 그래서 연장자나 권력을 가진 사람이 자기 아래 있는 사람들을 계도하는 것이 당연하게 여겨졌다. 이것이 점점 극성스러워지면서 사회 전체가 개인에 대한 감시자가 되었고, 지극히 개인적인 부분에까지 간섭을 하게 되었다. 게임을 할 때 관전자가 훈수하는 것이 금지되는 것처럼 개인의 인생에 타인이 부당하게 간섭하는 것도 막을 수 있으면 좋으련만, 그게 도통 내 맘대로 되는 게 아니니 안타까울 뿐이다. 정말 우리 주변에는 부모, 형님, 혹은 선생을 자임하며 나서는 이들이 너무나 많다. 마치 우리 인생 전체를 설계하고 완성해주고 싶어 안달난 사람들 같다.

장사를 시작하고 조금만 지나면 훈수하는 사람들이 잔뜩 몰려든다.

왜일까? 물론 초보 장사꾼이 실수 없이 장사를 본궤도에 올려놓게끔 돕기 위해서일 게다. 간혹 그것이 지나쳐서 훈수하는 도중에 자신의 지적능력이나 통찰력을 과시하는 이들도 있긴 하지만, 이들도 돕겠다는 선의를 가진 건 분명하다. 하지만 훈수하는 사람과 훈수 받는 사람 모두 잊지 말아야 할 게 있다. 모든 장사꾼은 제각기 다른 환경 속에 놓여 있다는 것이다. 가게는 장사꾼 개인의 수완과 자산수준에 맞춰 적절히 운영되어야 한다. 따라서 장사꾼마다 영업상 포인트를 주어야 할 부분이 따로 있는데, 훈수하는 사람은 제 경험에 비춰 방법을 제시해주려 한다. 나름대로 애써 정리한 장사 프로세스를 알려주지만, 정작 훈수 받는 장사꾼은 다른 것을 우선순위로 둔 경우도 있다. 초보 장사꾼이 선배의 훈수를 받아들이면 다행인 게고, 받아들이지 않는다면 그 선배는 좋은 일 하려다 헛물켜는 꼴이 되고 만다.

고마운 스승이 될 것인가, 귀찮은 잔소리꾼이 될 것인가? 전자가 되고 싶다면, 자신과 비슷한 성향을 가진 사람에게만 훈수하자. 나를 믿고 내 이야기에 귀 기울이는 사람에게 훈수할 때 그 효과도 살아나고 서로 간에 트러블도 생기지 않는다. 한 가지 더. 자기도 긴가민가하는 일이라면 어설프게 훈수하지 말고 전문가를 소개해 주자. 선무당이 사람 잡는다는 말도 있으니……

02

장사판 **들여다보기**

장사를 하려면 일찌감치 시작하라

일본 역사상 가장 위대한 인물로 꼽힌 사카모토 료마. 그는 19살 때 본 미국함대의 위용에 커다란 충격을 받았다고 한다. 일본의 문호를 열기 위해 미국의 페리 제독이 이끌고 온 네 척의 군함은, 사카모토 뿐 아니라 19세기 중반 모든 일본인들에게 충격이었을 것이다. 그는 어린 나이에 불과했지만, 당시의 부패한 바쿠후(막부)로는 이런 역사적 전환기를 감당해내지 못할 것임을 깨달았다. 무예를 연마하던 어린 시절을 지나 청년으로 성장한 그는, 바쿠후를 타도하고 천황 중심의 정치제도를 만들기 위해 노력했다. 삿초 동맹을 주도하며 바쿠후 타도운동의 선봉에 선 그는, 바쿠후 타도 직전 31세 나이에 반대파에게 암살당해 죽었다. 그의 사후 일본은 메이지 유신을 통해 천황 중심의 강력한 국가로 거듭났다.

사카모토의 예에서 볼 수 있듯, 옛 사람들은 어릴 때부터 자기 꿈과 일을 가졌다. 반면에 현대인은 복잡한 사회시스템에 적응하는 데 시간이 오래 걸려서 그런지, 자기 꿈을 형성하는 시기도, 그것을 이루기 위한 길에 들어서는 시기도 많이 늦어졌다. 이런 상황에서도, 여전히 어린 시절부터 자신의 길을 선택해 차근차근 준비해가는 사람들이 남아 있다. 바로 중국 상인들이다.

중국에서 상인을 꿈꾸는 사람들은 어릴 때 이미 자신의 진로를 결정해 놓는다. 그들은 대학에 진학하는 대신 점포에 들어가 점원 생활을 시작한다. 우리나라로 치면 동대문 같은 전문시장이나 영등포 같은 대형시장에 들어가는 것이다. 그들은 5~6년간 밑바닥 시절을 거친 뒤 결혼을 하는데, 이때 거둬들인 축의금과 그동안 자기가 모아둔 돈을 합해 자그마한 가게를 연다. 물론 자기가 노하우를 쌓은 업종을 취급하기 때문에 큰 어려움 없이 시장에 진입할 수 있다. 그러고는 가게에서 숙식을 해결하면서 새벽부터 밤늦게까지 부지런히 일해 돈을 번다. 돈이 웬만큼 모이면 좀더 목이 좋은 곳으로 가게를 옮긴다. 이렇게 장사를 해나가면 이미 삼십대 중반의 성공한 장사꾼이 되어 있다.

이에 비해 우리 현실은 어떠한가? 꿈꾸는 것이 무엇인가에 상관없이 대학에 진학해야 하고, 졸업 후엔 제 꿈을 접은 채 모두가 선호하는 직장에 들어가기 위해 애쓴다. 혹은 몸값을 높이기 위해 대학원에 진학하거나 해외유학을 떠나는 젊은이들도 많다. 남자라면 군대에도 다녀와야 하므로, 여차하다가는 삼십 대를 넘겨 사회에 첫발을 딛기 십상이다. 직장을 거치지 않고 곧바로 장사에 발을 들이더라도, 대부분 서비스업종으로 창업을 한다. 그러나 서비스업종은 이미 과포화상태. 치열한 경쟁을 벌이느라 돈과 시간과 젊음을 다 버리고, 빚만 남기 일 쑤다. 중국 상인들이 삼십대 중반에 번듯한 점포를 가진 사장님이 되 는 것과 비교하면, 한국 장사꾼들의 현실은 참으로 초라하다고 밖에 말할 수 없다.

지금까지 이 나라 저 나라 쑤셔가며 에둘러 이야기했지만, 결론은 단순하다. 장사에 뜻을 품었다면, 가능한 한 일찍 그 세계에 뛰어들라 는 것이다. 일찍 장사를 시작해야 하는 현실적인 이유를 몇 가지 들면, 그 당위성은 더욱 명확해질 것이다.

첫째, 소비자들은 젊은 주인을 선호한다. 같은 종류의 서비스를 제 공받더라도 주인이 젊으면 더 깔끔하고 기분 좋게 서비스 받을 거라고 생각하는 게 소비자의 심리다.

둘째, 직장인이 직장을 옮기며 자기에게 맞는 회사를 찾는 것과 마 찬가지로, 장사꾼도 두세 번은 업종을 변경하게 된다. 젊음의 호기로 시작한 가게가 자기 적성에 맞지 않을 수도 있고, 실제로 자기에게 꼭 맞는 업종이 우연히 나타날 수도 있다. 이때 업종을 갈아타는데 소모 되는 시간을 감안하면 한 살이라도 어린 게 유리하다. 또 장사 초기에 는 많은 변수가 작용하는데, 이에 적절히 대응하려면 젊고 유연한 감 각이 필요하다.

셋째, 장사 초기에는 육체적, 정신적으로 과도한 에너지를 소비할 수밖에 없다. 나이 든 사람은 쉽게 골병이 들겠지만, 젊은 사람이라면 훨씬 오래 버텨낼 수 있다.

넷째, 장사꾼은 샐러리맨에 비해 훨씬 많은 위험요소를 떠안은 사람이다. 직장에서 업무상 실수를 하면 회사 내부에서 징계를 받는 걸로 끝나지만, 장사꾼이 실수하면 가게가 망하고 여차하면 바로 파산에 이를 수도 있다. 따라서 먹여 살려야 하는 식솔이 없을 때 장사에 덤비는 게 안전하다.

팁 한 가지. 장사를 처음 시작하는 사람들이 흔히 잘못 판단하는 것이 있다. 모든 것을 구비한 최상의 상태로 시작하려는 생각이 그것이다. 초기투자비를 과도하게 들이면 이 비용을 회수하는 데 걸리는 시간이 오래 걸리고, 이 자금 압박을 견디느라 무리를 하게 된다. 중간에 변수가 발생해 새로 비용을 투입해야 한다면 그 압박감은 더욱 높아지게 된다.

최소한의 투자로 시작하고, 초기 예상대로 장래가 유망하다면 투자를 점차 늘려가라. 그것이 무리수를 두지 않는 안전한 장사다.

영원한 고민거리, 사람 쓰는 일

천 년 전쯤, 몽골의 수도인 울란바토르 근처에서 있었던 일이다. 다음날 사형 당할 처지에 놓인 한 소년이 묶여 있었다. 그는 별이 무수히 반짝이는 밤하늘을 보면서, 만약 여기서 도망칠 수만 있다면 온 세상을 전부 자기 목장으로 만들겠다고 다짐했다. 아이의 다짐에, 하늘은 상서로운 빛을 뿜으며 별똥별을 떨어뜨렸다. 다음날 소년은 가까운 사람의 도움으로 탈출에 성공했다. 몇 해 지나 스무 살 무렵, 그를 돕는 사람은 동생들과 친구 한 명밖에 없었다. 그들을 제외하고는 온 세상이 그의 적이었지만 그는 쉬 꺾이지 않고 그날의 다짐을 실현해나갔다. 아시아 전 지역과 유럽 일부지역을 점령했고, 이곳의 건물과 도로에 불을 질러 초원을 만들었다. 풀이 자라난 땅에서는 양과 말이 뛰놀았다. 후에 칭기즈 칸이라고 불린 이 정복자는 로마의 카이사르나 프랑스의 나폴레옹도 명함을 내밀 수 없을 정도로 광대한 제국을 건설했다. 단 몇 사람과 함께 시작한 원정으로 결국 천하를 얻은 것이다.

단 몇 명의 지인과 함께 원정길에 올라 세계를 거머쥔 칭기즈 칸의 사례는 어찌 보면 대단히 예외적인 경우일지도 모른다. 대부분은 업무와 관련해 사람을 들이고 관리하는 일이 결코 간단치 않다. 특히 아는 사람과 같이 일하는 것은 초반에는 여러모로 유리해 보이지만, 후에 잘못된 결과를 불러오는 경우가 많다. 우리나라에서는 연줄을 동원해 인력을 충원하는 일이 흔한데, 이렇게 맺어진 관계에서는 냉철하고 이성적으로 업무를 처리하기 힘든 겨우가 많다. 또 업무 추진 과정에서 예상치 못한 사고가 발생해 좋았던 관계가 나빠질 수도 있다. 이는 고용관계에서든 동업에서든 마찬가지로 발생하는 문제다. 나도 처음 장사를 시작했을 때 대학 후배를 기용했다가 비슷한 경험을 한 적 있다.

그렇다면 직원 두세 명을 두고 할 만한 작은 규모의 장사에서는 어떤 식으로 사람을 써야 할까? 해결책을 제시하기에 앞서, 성별에 따른 딜레마가 있음을 말해두고 싶다. 우선 남자 직원을 기용하면 흔히 겪는 낭패가 있다. 그들은 열심히 일을 하다가 노하우를 쌓으면 곧 그만 둔다. 자기가 직접 실행해볼 수 있는 좋은 기술을 습득했는데, 언제까지나 남의 밑에서 일할 수는 없기 때문이다. 쓸 만해지면 등 돌리고 나가는 남자 직원들을 보며 사장은 낭패감에 사로잡히곤 한다. 여자 직원도 붙들어두기 쉽지 않다. 그들은 남자들에 비해 창업에 대한 욕심이 크지 않은 대신 규모가 큰 회사에서 일하기를 원한다. 임금을 적게 받는 한이 있더라도 현대적인 시스템을 갖춘 '멋진' 회사에 다니고 싶어하는 것이다(이는 물론 남자에게도 해당된다). 이런 이유로 업종에 적합한 성별을 택해 고용하는 것도 큰 해결책이 될 수 없다. 이처럼 골머리를 앓아야 하는 인력문제를 해결할 수 있는, 흔하지만 확실한 방법이 있다. 부부가 함께 가게를 운영하는 것이다. 남편은 힘든 일을 맡아 가게 운영을 총괄하고, 부인은 여성의 세심함이 필요한 일, 즉 기획, 디자인, 금전관리 등을 맡아 돌보면 적당할 것이다. 이렇게 하면 직원을 한 명만 고용해 배달이나 접대, 기타 서비스 등의 업무를 처리하게 할 수 있어 관리하기 편할 것이다.

다시 한 번 말하지만 사람을 쓰는 것은 무척 고심해야 할 문제다. 인력을 원활하게 관리하지 못해 직원을 적정 수준 이상으로 늘리거나 자주 교체하다 보면, 필요 이상의 비용을 소모하게 되고 쓸데없이 골머리를 앓게 된다. 그렇다고 무턱대고 직원을 고용하지 않으면 주인이 너무 고되게 일해야 하고, 장사 규모를 축소할 수밖에 없어 계속 영세업체로 남을 수밖에 없다. 그야말로 딜레마다. 그저 사람 쓰는 일을 장사꾼의 영원한 고민거리로 인정하고, 그만둘 때 그만두더라도 있는 동안 열심히 일해주는 직원에게 고마운 마음을 가지는 수밖에 없을 듯하다.

내 입의 먹이는 절대 놓치지 않는다

외국 전래동화에 이런 이야기가 있다. 추운 겨울에 한 낙타의 주인이 천막 안에서 잠을 자고 있는데, 낙타가 춥다며 다리 하나만 넣게 해달라고 애원을 해왔다. 추위에 떠는 낙타를 불쌍히 여긴 주인은 낙타 다리 하나를 천막 안에 넣도록 허락했다. 얼마 뒤 낙타는 천막 안에 빈 곳이 남아 있으니 머리도 넣게 해달라고 졸랐다. 주인은 마지못해 허락했다. 얼마 지나지 않아 낙타는 온몸을 천막 안으로 밀어 넣었고, 주인은 결국 천막 밖으로 쫓겨나고 말았다는 슬픈(?) 결말이다.

가정이든 회사든 동호회든, 사람들이 모여 있는 곳에서는 늘 의견충돌이나 분쟁이 일어난다. 이때 대부분은 대화로 문제가 해결되지만, 그래도 안 되는 문제가 있기 마련이다. 웬만하면 물리적 충돌이 생기지 않도록 서로 적당히 양보하고 피해가는 게 상책이겠지만, 그것 또한 뜻대로 되지 않는다. 작은 규모의 장사를 하더라도 내 것을 지켜나가기 위해서는 나를 해하는 것들과 투쟁해야만 하는 게 현실 아닌가.

장사꾼에게 그 투쟁영역은 대단히 넓다. 간판을 다는 작은 일부터 건물을 짓는 큰 일에 이르기까지, 장사꾼에게 태클을 걸어오는 비열한 이웃이 한둘이 아니다. 이들은 내가 약점을 보일 때 그 약점을 집요하게 물고 늘어져 자신의 조그마한 이권이라도 챙기려고 혈안이 돼 있다. 구청에 민원 넣기, 경찰서에 신고하기, 언론사에 제보하기 등 다양한 방법으로 나를 괴롭히고 귀찮게 군다. 내가 아는 어떤 고기집 주인은 가게 문밖에서 잠깐씩 숯을 가는 것을 이웃가게 주인이 신고해서 화장실에서 숯을 갈아야 했을 정도다. 이런 비열한 이웃들은 그러한 방법들로 돈 몇 푼을 뜯어내면 다시 헤헤대며 선량한 이웃인 척한다. 이럴 땐 나도 적당히 헤헤거려주는 게 상책이다. 하지만 내가 받은 모욕을 절대 잊어서는 안 된다. 기회가 닿으면 그 모욕을 가혹하게 되갚아주는 게 좋을 수도 있다.

왜 이런 응징이 필요한 것일까? 비열한 이웃에게 흔들리다보면 내 영역을 통째로 넘겨줘야 하는 상황이 올 수도 있기 때문이다. 지금 당장 경제적 손해가 없다해도 장기적으로 볼때는 내 장사를 흔들리게 하는 시발점이 될 수 있다. 이것이 분쟁으로 이어지는 것을 막기 위해서는 자신의 단호한 결의를 보여줘야 한다. 나는 절대 내 입의 먹이를 내놓는 사람이 아니다, 그 먹이를 한입도 먹지 않고 버리게 되는 한이 있더라도 너와 나눌 수는 없다, 만약 네가 내 먹이를 빼앗으려 한다면 나는 분명히 그에 대해 보복할 것이다, 손실을 감수하고라도 너와는 공존하지 않겠다는 강력한 메시지를 전해야 한다. 이런 결의와 행동을 전면에 내세우는 게 자신을 위해서도, 비열한 이웃을 위해서도 좋은 길이다. 용산전자상가 도매상들이 그들의 영역을 지키기 위해 벌이는 출혈작전이 그 좋은 예일 것이다. 그들은 상가에 새 도매상이 머리를 들이밀면 말도 안 되는 가격으로 제품을 팔아, 궁지에 몰린 신참내기를 끝내 손들고 나가게 만든다. 이들의 행동이 사뭇 비열해 보일 수도 있다. 하지만 이는 한정된 상가에 도매상이 난립하면 공멸하게 된다는 것을 잘 알기에 하는 행동이다. 자신의 출혈을 감수하며 매몰차게 신참을 쫓아내는 이들의 행동은, 제 목숨을 지키려는 것이기에 마냥 비난받을 만한 것은 아닐 터이다. 천막 밖으로 밀려난 낙타 주인 꼴이 되지 않으려면, 장사꾼은 애초에 어설픈 동정심을 버려야만 한다.

가격정책

작은 장사하기 참으로 어려운 세상이다. 뭐든지 대형화하는 추세에, 소규모 장사에 도전하는 초보 장사꾼들은 답답함을 느낄 수밖에 없다. 우후죽순으로 문을 여는 대형 할인매장과 복합 전자제품 대리점, 천 평이 넘는 횟집 등이 동네를 에워싸고 있다. 저렴한 가격과 세련된 서비스를 무기로 장사하는 이 점포들은 지역 일대의 수많은 소비자들을 끌어 모은다. 돈이 엄청나게 많아서 처음부터 큰 규모로 장사를 시작할 수 있다면 좋겠지만, 그렇게 장사를 시작할 수 있는 사람은 별로 없다. (이처럼 규모로 밀고 들어오는 대형점포에 대항해서 작은 장사로 살아남으려면 아무래도 전문적인 냄새를 풍기는 게 좋다. 그러려면 몇

가지 품목만을 심도 있게 취급하고 주인 또한 전문가적 면모를 보여야
한다. 왠지 고집스러워 보이는 풍모에, 자기가 파는 제품에 대한 강한
자부심을 내비치는 주인이 가게를 지키고 있다면, 많은 소비자는 그
가게에서 강한 인상을 받을 것이다. 단, 이렇게 전문적인 장사는 도심
지 대로변에서 해야 한다. 작은 동네 구석빼기에서 이런 식으로 도도
하게 장사하다가는 사람들 놀림만 받다가 문 닫기 십상이다.)

아니면 프리미엄제품만을 취급하는 가게를 차리는 건 어떨까? 우리
나라에서 고급제품만을 갖다 놓고 우아하게 장사할 수 있는 곳은 서울
강남지역이나 도심지 백화점 정도밖에 없다. 이런 곳에 가게를 차리려
면 기본비용 외에도 권리금이니 뭐니 해서 대단히 많은 비용을 쏟아
부어야 한다. 이래저래 돈이 많이 들어서 선택하기 힘든 조건들이다.

한편 요즈음, 장사꾼들이 남기는 마진이 점점 박해지는 경향도 발견
된다. 이들은 물건을 싸게 들여오는 덕에 싸게 팔 수 있는 게 아니다.
온 나라 안에 장사 바람이 불어, 같거나 비슷한 업종의 점포들이 난립
하다보니 생긴 '제 살 깎아먹기' 현상이다. 장사가 워낙 안되다 보니
직원 월급이라도 벌어보고자 몸부림치는 것이라고 보면 된다. 하지만
안타깝게도 그런 가게들이 좀더 빨리 문을 닫는다. 적자도 적자지만,
그보다 더 큰 문제는 장사꾼에게 문득 찾아드는 심마(心魔) 때문이다.
내가 지금 뭘 하고 있지? 이게 장사하는 게 맞나? 힘만 들고 남는 건
없다, 다른 업종으로 바꿔야겠다…… 이런 생각이 들기 시작하면 폐
업하는 건 금방이다.

큰 규모나 고급화 전략으로 승부하는 가게, 박리다매 전략으로 승부
하는 가게. 하나는 창업과 운영에 드는 비용이 만만찮아 그림의 떡과
같고, 하나는 매출이 지지부진해 금방 쉬어버리는 떡과 같다. 이도 저
도 시원찮아 보이는데, 그렇다면 어떤 가격정책이 해결책이 될까? 요
즘 잘나가는 대형 할인마트들은 '이중가격정책'에서 그 해답을 찾았
다. 소비자의 입질을 이끌어내는 이른바 '미끼상품'과, 충분한 마진을
붙인 비싼 제품을 병행해 판매하는 전략이다. 저렴한 제품은 싼 것을
원하는 일반 소비자들에게 어필하도록 크게 홍보하고, 비싼 제품은 구
매할 여력이 있는 소비자층에만 적당히 노출시키는 전략이라고 보면
된다. 조금 얍삽한 느낌이 들긴 하지만, 생각해보면 상당히 효과적인
가격정책이다.

　고급제품을 즐겨 쓰는 중장년층 이상의 여유로운 소비자들은 가격
에 크게 신경 쓰지 않는다. 비싼 제품은 일부러 크게 광고하지 않아도
이런 소비자층이 알아서 구매하므로 매출에 크게 신경 쓸 필요가 없
다. 한편 젊은 소비자들은 인터넷 가격비교 웹사이트를 활용하며 알뜰
구매를 한다. 항상 신용카드로 결제하고 사는 양도 많지 않아, 언뜻 보
면 '좋은' 손님은 아닌 듯하다. 하지만 그 가게만이 보유하고 있는 특
별함이 있다면, 그들은 가격을 고려하지 않고 구매하는 충성도 높은
손님으로 전환할 가능성이 높다. 싼 제품은 싸서 잘 팔리고, 비싼 제품
은 그 자체의 고급스러움으로 어필해서 또 잘 팔리고…… 이처럼 양
과 질의 두 가지 메리트를 한꺼번에 만족시켜 매출을 올리는 효과 때
문에, '전략'에 민감한 대형 할인마트들은 너나없이 이중가격정책을

활용하는 것이다.

　한편, 고가정책도 잘만 운용하면 장사에 큰 도움이 된다. 저가정책보다는 고가정책이 더 낫다는 것은 장사꾼 대부분이 알고 있는 정보다. 하지만 이것을 실천하는 것은 생각보다 어렵다. 가게 문을 연 초기부터 가격을 비싸게 책정하면 손님들이 지레 겁을 먹고 발을 들여놓지 않는다. 이윤이 생기는 건 둘째 치고, 드는 손님이 통 없으니 장사하는 맛이 나질 않는다. 따라서 작은 장사를 시작하는 사람들 대부분이 저렴한 가격대를 취하는 안전한 노선을 선택한다. 그러나 저가정책은 오래도록 만족스러운 장사를 하기에 적합하지 않다. 처음부터 싼 가격으로 제품을 판매하다보면, 다른 곳에 새로 가게를 차리지 않는 한 고가정책으로 전환하는 게 거의 불가능하다. 따라서 초기에는 싸지도 비싸지도 않은 밋밋한 가격을 유지하다가, 내 가게의 특별함에 '반한' 충성도 높은 고정손님이 생기기 시작하면 서서히 가격을 높여가는 게 좋을 것이다. 단 높은 가격에 비례해 품질과 각종 서비스의 질도 당연히 탁월해야 한다. 싼 가격에 물건을 팔더라도 적정 수준 이상의 품질과 친절함, 애프터서비스 등은 기본적으로 제공하게 된다. 그렇다면 손님에게 들이는 시간과 노력을 조금 더 보태, 높은 가격으로 물건을 파는 게 좋은 방법 아닐까? 이렇게 고가정책을 취하면 어림없는 가격에 물건을 달라는 질 낮은 소비자를 멀리할 수 있어 장사 스트레스도 훨씬 덜할 것이다.

미운 손님 때려잡기

장사를 하다보면 자신의 인내심을 시험당하는 순간이 종종 찾아오기도 한다. 바로 '미운 손님'을 상대해야 할 때다. 밉든 곱든 손님은 손님. 최대한 유연하게 맞이하고 슬기롭게 대처해야 한다. 십여 년 장사하면서 내 나름대로 파악해본 미운 손님의 열 가지 유형을 들고, 이에 슬기롭게 대처하는 법을 정리해본다.

1. 물건을 사러 온 건지 싸우러 온 건지 헷갈리는 손님

이런 부류의 손님은 물건 사는 걸 전쟁이라고 생각하는 것 같다. 물건을 사려다가 가격, 품질, 배송문제 등 자기 맘에 들지 않는 게 있으면 다짜고짜 화를 내면서 덤벼든다. 여태껏 속기만 해왔는지, 일단 의심하고 윽박지르는 게 기본이다. 이렇게 분노심과 의심에 가득 찬 손님을 접했을 때는, 그가 제 풀에 꺾여 잠잠해질 때까지 기다리는 게 최고다. 그와 맞붙어 삿대질해댈 순 없으니, 그동안 딴생각을 하면서 빙그레 웃어 보이는 수밖엔 없다. 그리고 지나친 무반응을 보이면 자신을 무시한다고 노여워할 수 있으니, 같은 설명을 차분히 반복해줄 필요가 있다. 그렇게 치대는데도 주인이 흥분하지 않고 응대하면, 그는 제 풀에 꺾여 조용히 물건을 사갈 것이다.

2. 가게 주인을 투명인간으로 보는 손님

자객처럼 슬그머니 매장에 들어와서 한동안 구경하다가 사라지는 유형이다. 이런 손님들은 인사를 해도 본체만체하고, 찾는 게 무언지 물어봐도 입을 꾹 다문 채 물건만 구경한다. 한마디로 가게 주인을 없는 사람 취급하는 게다. 이런 경우는 그저, 세상에 이상한 사람 참 많다는 것을 깨닫는 기회로 삼으면 그만이다.

3. 제품에 대해 세상에서 제일 잘 아는 손님

자기가 사려는 제품에 대해서 모르는 게 없다는 듯 주인에게 설명을 해대는 유형이다. 어디서 주워들었는지는 모르겠지만, 대충 비슷하게 알고 있기는 하다. 하지만 암기력이 부족한 탓인지 출처가 부실한 탓인지, 사소한 용어들을 잘못 말하거나 다른 제품과 혼동해서 설명하는 경우가 대부분이다. 수입쇠고기 도매업을 하던 때를 되돌아보면, 최상 등급인 '프라임' 등급을 '프리미엄' 등급이라고 말하거나, 미국산 쇠고기를 호주산으로 착각해서 설명하는 손님이 종종 있었다. 이런 손님에게 조목조목 따져 설명해 주는 것은 그의 자만심에 불을 지피는 행위이다. 일단 "정말 잘 알고 계시는군요!"하고 감탄해주고, "손님께서 지금 설명한 고기가 바로 이 제품입니다"라고 하면서 제품을 내놓는다. 계산하고 물건을 포장하면서 마지막으로 "손님 같은 사람들이 고기를 제대로 먹을 줄 아는 분들이십니다"라고 띄워주면 금상첨화이다.

4. 살듯 살듯하다가 끝내 사지 않는 손님

많은 물건을 당장 살 것처럼 굴어 주인을 들뜨게 하다가 결국 좌초

시켜 버리는 무시무시한 유형의 손님들이다. 각 제품에 대해 두루 브리핑을 받고 여러 경우로 가격견적을 내본 뒤 포장까지 다 하게 해놓고는, 마침 돈이 없다거나 생각해보니 얼마 전에 산 물건들이라며 그냥 가버린다. 오랜 시간을 들여 입에 거품을 물며 설명해줬건만 그렇게 허망하게 가버리면, 울화가 치미는 대신 맥이 탁 풀려버린다. 다리에 힘이 풀려 주저앉은 채 "언제든 기회가 되면 사가겠지" 하고 스스로 위로하는 수밖에 없다.

5. 내 가게와 다른 가게를 비교하는 손님

아주 알뜰한, 아니 치밀한 손님이다. 그들은 재래시장, 할인매장, 홈쇼핑 등 모든 점포의 가격과 품질을 외우거나 적고 다니며 장사꾼을 괴롭힌다. 노골적으로 조목조목 따지며 가격을 비교하고, 품질은 도외시한 채 A급과 C급 제품을 단순 비교한다. 자기는 다른 가게에서 산 C급 고기를 더 맛있게 먹었다는 이상한 논리를 펼치면서 그 가격에 팔라고 강요한다. 요구하는 게 도저히 들어줄 수 없는 수준이어서 그냥 그 가게에 가서 사라고 말하고 싶을 때도 있지만, 금기시되는 말이어서 차마 입 밖에 꺼내진 못한 채 혼자 열 받게 된다. 장사가 굉장한 정신적 고통을 수반하는 일이라는 것을 다시 한 번 실감하는 순간이다. 다만, 그런 손님이 지나가고 나면 다른 손님들이 얼마나 고마운 이들인지 알게 된다. 자연스레 서비스 개선을 도모하는 기회로 삼으면 딱좋다.

6. 어림없는 가격을 요구하는 손님

물건 살 때 에누리하는 것이 우리나라 전통처럼 되었긴 하지만, 무시무시하게 깎는 손님들에게는 할 말이 없다. 이들은 물건을 2만 원어치 사면서 1만5천 원 이상으로는 절대 낼 수 없다고 떼를 쓴다. 장사꾼들을, 100퍼센트 정도씩 마진을 붙여 파는 도둑놈 정도로 알고 있는 듯하다. 이럴 땐 꺾이지 말고 정가를 고집해야 한다. 그렇게 하면 소폭 깎아주는 선에서 거래가 성사된다. 처음부터 조금이라도 깎아주려는 포즈를 취하면 결국 물건을 원가에 파는 일이 생길 수 있다. 밑지고 장사한다는 장사꾼의 말이 거짓말이라는 건 모두 아는 사실인데, 간혹 이런 거짓말 같은 사태가 벌어지기도 하니 주의해야 한다.

7. 제품을 비난하는 손님

제품을 살 생각은 않고 이게 문제네 저게 문제네 하며 트집 잡는 손님들이 있다. 이들이 이런 행동을 하는 이유는 대략 두 가지로 정리된다. 하나는 물건을 살 의사는 있지만 값이 생각보다 비싸서 조금이나마 깎으려는 것, 다른 하나는 자기가 생각했던 것보다 비싼 가격이어서 사지 않고 나가는 이유를 만들려는 것이다. 이 두 부류는 미세한 뉘앙스 차이를 보인다. 후자의 경우 어설픈 용어를 언급하며 둘러대는 등 물건을 써본 경험이 없음이 드러난다. 이들은 물건을 살 수 없는 이들이니 패스. 전자의 경우는 물건을 사갈 손님이므로 적절히 구매로 유도해야 한다. 이들이 물건에 대해 이런저런 트집을 잡으면, 오랜만에 제품에 대한 전문지식을 자랑하는 기회를 주는 셈치고 그저 들어준

다. 적당히 맞장구를 쳐주면 그들 중 많은 수는 에누리 없이도 물건을
사갈 것이다.

8. 물건을 얄궂게 사가는 손님

이들은 대부분 남자 손님들이다. 남자들은 여자들에 비해 소비경험
이 적어, 물건 사는 요령을 알지 못하는 경우가 많다. 소량 다품종을
사길 원하고, 각각 소포장해줄 것을 요구하기도 한다. 이럴 땐 물건 구
매하는 요령에 대해 한번쯤 이야기해주고, 그래도 고집을 부린다면 두
말없이 요구대로 해주는 게 낫다. 장사할 땐 가끔 불가피하게 삽질해
야 할 일도 있음을 알아두자.

9. 손님은 무조건 왕?

장사를 하다보면 졸부근성을 보이는 손님들을 종종 만나게 된다. 나
이가 좀 든 아저씨 아줌마들인 경우가 대다수인데, 안하무인격으로 거
들먹거리며 가게 주인을 마구 대한다. 이처럼 무례가 하늘을 찌르는
이들에겐 살짝 조소를 날려주는 게 좋다. 위험해지지 않을 만큼의 선
에서, 겨우 이 정도 사가면서 유세냐는 듯한 뉘앙스를 풍겨준다. 이럴
땐 물건 한두 개 팔고 못 파는 게 문제가 아니다. 장사 안 해도 좋다는
배포를 보여줘야 한다. 손님이 왕이라는 말은, 최소한의 인격을 갖춘
손님들에게 적용되는 말이다. 장사꾼이 손님의 하인이 아닌 이상, 터
무니없이 자존심을 구기지는 말자.

10. 물건을 예약해놓고 나 몰라라 하는 손님

간혹 단골을 사칭하거나 분명히 살 것처럼 특수한 주문을 하고, 나중에는 나 몰라라 하는 손님들이 있다. 더이상 기다릴 수 없어 전화를 해도, 그들은 미안하지만 어쩔 수 없다는 투로 나온다. 그렇다고 직접 찾아가서 강매할 수도 없는 일이다. 이게 바로 선금을 받아야 하는 이유다. 어떤 경우든 선금을 받지 않았다면 예약을 받지 말아야 한다.

이렇게 보니 온통 장사꾼을 열 받게 하는 손님들뿐인 것 같다. 실제로 상상을 초월하는 손님이 많다. 특히 초보 장사꾼이나 문 연지 얼마 되지 않은 가게들이 이런 손님들의 집중 타깃이 된다. 하지만 시간이 흘러 다부진 장사꾼이 되면 이런 손님들을 너끈히 이겨내고 별 문제 없이 장사할 수 있게 된다. 하지만 이것은 기억하자. 미운 손님을 때려잡아야 한다고 말하긴 했지만, 어떤 손님이든 결국 내 가게 매출을 올려주는 고마운 이들이라는 것. 장사를 조금 해보면 안다. 아무리 미운 손님들이라도, 일단 가게에 많이 찾아주기만 하면 고맙고 기분 좋아진다.

명당의 진실

우리는 예로부터 명당을 찾는 데 주력했다. 명당에 조상의 묘를 쓰면 가문에 발복해서 자손들이 성공하리라 믿은 것이다. 물론 명당에 묘를 쓴 집안에서 장원급제한 사람이 많이 나왔다고도 한다(장원급제한 뒤에 그 집안 어른의 묏자리가 명당이었다는 이야기가 나온 것일지도 모르겠다).

장사에서도 '자리' 문제는 매우 중요하다. 가게가 들어선 자리가 좋다면, 그 장사는 반은 성공했다고 봐도 무방하다. 그렇다면 어떤 자리가 장사 '잘' 하기에 적합한 자리일까? 전문가들은 '유동인구 많은 대로변의 코너'에 '세로보다 가로가 긴' 형태를 갖고 있다면 금상첨화라고 한다. 좋은 조언이긴 한데, 실제로 장사를 해보니 결정적인 기준은 아닌 것 같다. 내가 사는 동네에 저 조건에 딱 들어맞는 곳이 있었는데, 정작 거기 입주한 가게들은 반년도 못 되서 망해 나갔다. 워낙 목이 좋은 곳이다 보니 연달아 주인이 들긴 하지만, 동네사람들은 그때마다 그 주인이 얼마나 버틸지 못내 궁금해 했다. 아마도 세가 비싸서 그런 것 같다. 목이 아무리 좋아도 처음부터 날개 달린 듯 물건이 팔리지는 않을 텐데, 세가 워낙 비싸니 손익분기점까지 버티지 못하고 나가게 되는 것이다.

내 생각엔 집안을 발복하게 할 묏자리를 찾는 일보다, 돈을 벌 가게자리를 찾는 게 더 어렵지 않을까 싶다. 그렇다면 좋은 가게자리를 찾을 때 고려해야 할 사항은 어떤 것들일까? 가게 자리를 선택할 때는, 무엇보다도 자기가 취급하려는 업종에 적합한 곳인지 확인하는 게 중요하다. 그 다음엔 매장 크기가 적당한지 확인해야 한다. 필요 이상 넓은 것보다는 차라리 조금 작은 게 낫다. 매장이 넓으면 텅 빈 곳이 많이 생겨 휑해 보일 수 있지만, 가게가 작으면 사람이 조금만 차도 붐벼 보이기 때문이다. 게다가 작은 매장이 큰 매장에 비해 세도 싸다. 주차장 확보도 중요한 문제다. 불법주차를 하게 되더라도 가게 앞에 자동차를 편히 세울 수 있는 곳을 확보해야 한다. 걸어 온 손님들보다 차를 타고 온 손님이 물건을 더 많이, 더 빨리 깎지 않고 사간다. 매장 주변 주민들의 경제여건도 중요한 고려대상이다. 1천 세대 규모의 20~30평형대 아파트단지 앞에서 장사하는 것보다, 2백 세대 규모의 40~50평형대 아파트단지 앞에서 장사하는 게 훨씬 매출이 좋다. 또한 업종을 막론하고, 젊은 사람들을 상대로 하는 장사가 깔끔하고 재미도 쏠쏠하다.

그리고 또 한 가지 주의해야 할 것이 있다. 바로 권리금 문제다. 조금 괜찮다싶은 건물에는 대부분 권리금이 떡하니 붙어 있다. 한 푼이라도 아끼려고 고민을 하다가도, 용기 내어 권리금 붙은 점포에 들어가면 수입이 짭짤한 게 사실이다. 하지만 권리금 내고 들어갔다가 이를 고스란히 날리는 사람들도 심심찮게 보여, 권리금을 내고 들어가기가 겁날 때도 있다. 권리금을 날리게 되는 것은 보통 건물 주인이 바뀌거나, 장사가 잘 되는 걸 본 주인이 직접 장사 하겠다고 나서거나, 건물을 헐고 새로 건축하거나 하는 경우다. 요는, 건물 주인의 의사에 따라 권리금이 오락가락한다는 것이다. 이렇게 권리금을 홀랑 날리는 걸 방지하려면 이전에 그 점포에서 장사하던 사람 말을 들을 게 아니라, 애초에 건물 주인에게 직접 확인하거나, 주인의 관상이라도 봐야 한다.

위기 관리

나는 요즘 인기 있는 이종격투기 중 하나인 '프라이드' 경기를 즐겨 본다. 원래는 별로 관심 없었는데, 가게 직원들이 경기를 보고 대화에 열을 올리는 바람에 나도 관심을 가지게 되었다. 워낙 스포츠를 좋아하는 터라, 잠이 오지 않는 밤에 TV를 켜고 한두 번 보다보니 열혈 시청자가 되었다. 두 선수가 링 위에서 자유롭게 주먹과 발을 사용해 치고 차고 꺾고 조르는 등 결정적인 타격을 가하려 애쓴다. 이처럼 규칙의 큰 제약 없이 마음껏 효과적인 공격을 가할 수 있다는 점이, 많은 사람들이 이종격투기에 빠져드는 원인인 것 같다. 관습이나 규칙에 얽매이는 걸 싫어하고 효율성을 중시하는 나로서는 더욱 이 경기에 빠져들 수밖에 없었다.

프라이드 경기에서 일류선수와 평범한 선수의 차이는 위기를 관리하는 능력에서 드러난다. 경기 중반까지 강력한 공격을 퍼부으며 경기를 유리하게 이끌다가도, 한번 닥친 위기를 극복하지 못하고 쉬 무릎을 꿇는 선수는 일류의 반열에 오르기 힘들다. 일류선수는 예상치 못한 기습을 받거나 그날 컨디션 난조로 그로기 상태에 치닫는 위기상황에서도 노련하게 방어하며 충격이 가실 때까지 버틴다. 그러고 나서 다양한 반격으로 상대선수를 흔들다가, 찬스가 오면 결정적인 타격을 가해 상대를 거꾸러뜨린다. 장사에서도 이런 자세를 견지해야 할 필요가 있다. 매출이 떨어지는 위기상황에 얼마나 슬기롭게 대처하는지에 따라 장사의 존속 가능 여부가 결정된다. 위기관리에 성공해 새로이

승기를 잡고, 이를 통해 매출을 반등시키는 데 성공하는 장사꾼이 일류장사꾼이다.

가게를 운영하다보면 잘 될 때도 있고 그렇지 못할 때도 있다. 시간별, 요일별, 월별, 계절별로 춤을 추는 매출은 장사꾼을 비행기에 태우다가도 이내 나락으로 떨어뜨려 버리곤 한다. 일반적으로 매출은 오를 땐 서서히 오르고, 떨어질 땐 급격히 떨어진다. 호조를 보이던 매출이 하락세로 돌아서기 시작할 때, 장사꾼은 다소 흥분해 매출을 원래대로 되돌리기 위해 분발하게 된다. 하지만 노력에 반해 매출이 더 떨어지면, 맥이 풀려서 의외로 쉽게 포기하고픈 마음을 갖게 된다. 더욱 분발해도 모자랄 판국에 장사꾼이 의욕을 상실해 버리니 매출은 더욱 곤두박질할 수밖에 없다.

대개 음식 장사하는 사람들은 가게에 손님이 들지 않을 때는 창가에 앉아서 거리를 바라보거나(나도 장사 초반에는 이러곤 했는데, 다른 가게 주인들이 그러고 있는 모습을 본 뒤로는 영 좋게 생각되지 않아서, 지금은 의식적으로 그렇게 하지 않는다), 동네를 한 바퀴 돌면서 다른 가게들의 동향을 살핀다. 다른 가게들도 마찬가지로 손님이 들지 않으면 내 가게만 그런 게 아닌 것 같아 그나마 안심이 된다. 반면에 다른 가게들이 잘 되고 있으면 자기 장사에 뭔가 문제가 생겼다고 생각하고 해결책을 짜내려 애쓰게 된다. 하지만 대개의 경우 묘안이 쉽게 떠오르지 않거나, 몇 가지를 고안해서 적용한다 해도 단기간에 효과가 드러나지도 않는다. 앞서 말했듯 매출은 서서히 올라간다. 이를 고려할 때, 대략 6개월 뒤에 목표 매출액을 달성하겠다는 계획을 세운 뒤, 이에 맞춰 가게 운영 방법에 조금씩 변화를 주는 것이 보다 현실적이다. 장기적인 인내와 지구력을 필요로 하는 이러한 방법이 과연 효과가 있을지 문득 의문이 생길 수도 있다. 하지만 계속 가게를 꾸려나가야 하는 장사꾼은, 자기의 결정을 믿고 의욕적으로 밀고나가야 한다. 그리고 시도해본 몇 가지 변화 가운데 손님들의 반응이 좋았던 게 있다면, 그것을 더욱 강화하는 쪽으로 방향을 바꿔볼 수도 있겠다.

장사로 돈을 벌 수 있는가

장사를 해 본 사람이라면 누구나 알 것이다. 이리저리 돈이 빠져나가는 통에 장사꾼은 항상 죽을 맛이다. 점포임대료, 직원들 월급, 각종 공과금은 기본이고, 비싼 기계를 들여놨다면 그것의 감가상각비, 물건을 좀 쟁여놨으면 그 금액을 은행에 넣었을 경우 발생했을 이자까지 아까워해야 한다. 그냥 회사에 다녔다면 이런 잡다한 금액들이 고스란히 내 차지가 되었을 거라는 아쉬운 마음에 이르면, 결국 땅을 치게 된다. 잠 못 자면서 번 돈이 눈앞에서 다 새나가는 걸 바라봐야만 하는 게 장사꾼의 현실이다. 그렇다고 아주 못해먹을 지경인 것은 아니다. 우리 주변에는 장사로 크게 흥한 사람도 분명히 있다. 재래시장 한 귀퉁이에 쭈그리고 앉아 푸성귀 몇 가지를 벌여 놓고 파는 할머니들을 주목해 봐도 좋다. 잘 팔아봐야 겨우 삼사만 원 나올까 말까 한 물건을 파는데도, 할머니들은 자식 두셋쯤은 너끈히 대학 보내고 결혼까지 시킨다. 동네마다 그런 믿기 어려운 전설 한두 개쯤은 있는 걸 보면, 장사로 돈 벌기가 그렇게 힘든 것만은 아닌 것 같다.

내가 예전에 했던 수입육 장사를 돌이켜보자면, 당시 쏠쏠한 재미를 봤던 때는 두 가지 경우였다. 하나는 명절대목을 노린 장사이고, 다른 하나는 시세차익을 노린 장사다. 설날이나 추석명절이면 선물세트가 장난 아니게 팔려나가곤 했다. 아직까지도 명절 선물로는 갈비세트가 최고라고 생각하는 중장년층 소비자들이 나를 먹여살려준 것이다. 당시 한우 상등품은 1킬로그램에 오륙 만 원가량 했지만, 수입 상등품은 그것의 삼분의 일 가격으로도 같은 양을 살 수 있었다. 이러니 명절대목에 수입쇠고기 매출이 급증할 수밖에 없었다. 게다가 우리 가게는 왕복 팔차로 대로변에 위치해 있던 터라, 시즌에 맞춰 현수막 하나만 걸어놓아도, 자동차를 타고 오가는 이들 중 많은 수를 가게로 끌어들일 수 있었다.

명절 장사만은 못했지만, 시세차익을 노린 장사로도 톡톡한 재미를 본 적 있다. 가격이 오를만한 품목을 넉넉히 사들여 냉동창고에 보관했다가 시세가 올랐을 때 내놓는 식이었다. 사실 이런 식으로도 재미를 볼 수 있다는 걸 알게 된 건 순전히 우연한 계기를 통해서였다. 장사 초기에 갈비를 좀 많이 사뒀는데 때마침 갈비 시세가 확 올라버린 것이다. 소 뒷걸음질하다가 쥐 잡은 격으로, 이때 꽤 많은 이문을 남겼다. 하지만 이런 시기는 예측하는 게 쉽지 않으므로 적극적으로 노려

볼 수는 없는 수단이었다.

아주 긴 시간은 아니지만, 장사를 해오면서 알게 된 게 하나 있다. 건축자재든 수입쇠고기든, 시중 경기 흐름과 무관하게 물건 가격이 폭등하는 일이 가끔 있다는 것이다. 예를 들어, 언론에서는 불경기이라고 떠들어대는데 건축자재 가격은 뜬금없이 오르기도 한다. 수요가 바닥을 치고 있는 상황에서 웬 얼토당토않은 일인가 싶어 웃어넘기지만, 의외로 상승세가 멈추지 않고 폭등해버리면 그저 황당해 할 수밖에 없다. 때 아닌 반짝 호황에 대부분의 장사꾼들은 기막혀 하면서 그 기회를 놓치고 말지만, 이때에도 수지맞는 장사꾼들이 분명히 있다. 심지어 이런 상황을 귀신같이 예측해 기다렸다는 듯 돈을 긁어모으는 이들도 있다. 이런 일들이 일어나는 곳이 바로 장사판이고, 운 따르고 실력 있는 장사꾼들은 여기서 재미를 보는 것이다. 이처럼 상식이 논리로 맞지 않는 일이 일어날 때, 나는 속으로 혼자서 추리해본다. 몇몇 생산업체나 수입업체들이 저희들끼리만 '해먹기' 위해, 엉뚱한 시기를 노려 담합 같은 걸 하는 건 아닐까 하는…… 어쨌든 불경기에 물건 값이 조금씩 오르기 시작한다면, 폭등의 가능성을 한번쯤 점쳐보는 것도 장사의 한 재미일 것이다.

결국 장사로 돈을 벌 수는 있다는 결론을 내릴 수는 있다. 하지만 그 '되고 안 되고'의 메커니즘은, 위의 사례처럼 도무지 이해할 수 없는 경우가 많다.

하면 할수록 종잡을 수 없는 것, 그러나 하다보면 적당히 꿰맞추는 요령이 생기는 것, 그게 바로 장사다.

프랜차이즈 사업에 관한 생각1—'윈윈'이 살길이다

2006년 들어 신천, 신촌, 일산 세 곳에 쿠킨스테이크 체인점을 냈다. 신천점 점주 분은 유명한 테이크아웃 커피전문점에서 오랫동안 매니저를 하신 분으로, 누님과 함께 처음 자신의 가게를 운영하게 된 케이스다. 신촌점 점주 분은 최근까지 신촌에서 바를 운영했던 경력이 있는 분으로 나보다도 능숙한 일솜씨로 사모님과 함께 가게를 운영하고 있다. 일산점 점주 분은 직장 생활을 하다 그만둔 여자 분으로, 동생과 함께 가게를 운영하게 됐다.

세 분의 공통점은 젊은 분들이고, 든든한 가족과 함께 가게를 운영한다는 것이다. 쿠킨스테이크 체인점을 낼 때, 가능한 한 이 조건들을 충족시키는 점주 분들을 모시려 했기 때문이다. 요즘 같은 때 나이를 따지는 게 조금 이상하긴 하지만, 나는 체인점을 내겠다고 찾아오는 분들의 연령에 신경을 많이 쓰는 편이다. 가게 인테리어를 완성하는 최고의 포인트는 바로 사람이라고 생각하는데, 쿠킨스테이크에는 젊은 사장이 잘 어울린다는 게 나의 판단이다. 다른 사람들은 어떻게 느낄지 모르겠지만, 가게에서 나이 든 사장에게 서비스 받는 것이 조금은 불편할 수 있다는 게 내 생각이다. 당당히 돈을 지불하고 서비스 받는 것인데도 불편한 느낌을 받는다면 자연스레 그 가게를 피하게 될 것 아닌가. 그래서 젊은 고객이 많이 찾는 쿠킨스테이크 체인점에는 젊은 점주를 모셔야 한다는 게 내 생각이다.

2005년에는 체인점 운영을 대행업체에 맡겼다가 쓴맛을 봐야 했다.

곧 계약을 해지하고 2006년 초까지 모 대학원에서 프랜차이즈 교육을 받은 후, 지금은 동생과 함께 직접 프랜차이즈 사업을 진행하고 있다. 체인점 운영을 대행업체에 맡긴 것은 귀찮은 일을 덜기 위해서였다. 하지만 어림없는 생각이었다. 자기 일은 결국 자기가 해야 한다는 간단한 진리를 망각했던 게다. 단지 귀찮거나 두려울 따름이지, 이 세상에 끝끝내 스스로 해내지 못할 일이란 거의 없다. 언론에서 매일같이 이런저런 과장된 정보를 흘리는 탓에 사람들은 어떤 일에 대해서 스스로 한계를 짓게 되고, 그 한계를 넘어서면 두려움을 느끼는 것이다. 나도 뒤늦게 안 사실이지만, 세상일 대부분은 속된 말로 '삽질'이다. 반복해서 몸으로 부딪히다보면 요령이 하나둘씩 생겨나고, 나중엔 누구보다 잘 해낼 수 있다. 나 또한 이렇게 직접 배우고 실전에 옮기는 과정을 거쳐, 지금은 별 어려움 없이 쿠킨스테이크 프랜차이즈 사업을 벌여나가고 있다.

사실 프랜차이즈 사업이라는 것은 매력적인 사업영역의 지위를 상실한지 오래다. 1990년대 말 외환위기 사태를 지날 때까지, 신문에 광고를 내고 모던한 인테리어를 갖춘 프랜차이즈 체인점에는 사람이 많이 몰려들었다. 그러나 오래 지나지 않아 체인점들의 수가 급격히 늘면서 많은 체인점들이 수익을 내지 못한 채 쓰러져갔다. 나 역시 처음에는 프랜차이즈 사업이라는 게 당연히 그런 것이려니 했는데, 전문적인 교육을 받고나서 무척이나 힘든 사업이라는 것을 알게 됐다. 법률상 문제, 세금 문제, 윤리 문제 등 갖가지 함정을 피하면서 사업을 확장해가고, 또 장기적으로 수익을 높인다는 게 얼마나 힘든 일인지를 깨달은 것이다. 요즘에도 잘 나가던 체인업체의 본사가 2~3년 만에 쓰러지는 것을 왕왕 목격하게 된다. 이유는 간단하다. 성장률이 떨어지면서 수입보다 지출이 많아지기 때문이다. 이렇게 되면 수십 명에 달하는 본사 직원들 월급부터 감당할 수 없게 되고, 당연히 각 체인점에 제대로 된 서비스를 제공할 수 없게 된다. 체인점들이 도미노처럼 무너지는 건 시간문제다.

나도 쿠킨스테이크의 프랜차이즈 사업을 준비하면서, 처음에는 제대로 된 본사를 만들려고 했다. 다른 체인업체의 본사들처럼 전용 사무실과 직원을 갖추고, 각 체인점에 통용할 각종 매뉴얼을 만들고, 광고를 해서 체인점 수를 크게 늘릴 생각을 한 것이다. 그러나 곧 생각을 바꾸었다. 많은 비용과 위험부담을 감수해야 하는 일반적인 프랜차이즈 시스템을 배제하는 대신, 현실적 조건에 맞고 실익에 충실할 수 있는 형태로 전환하기로 한 것이다. 본사를 구축하지 않고 체인점들도 최소한의 비용만을 들여 가게를 열 수 있도록 해, 나와 각 체인점 주인들이 부담해야 할 비용을 최소화했다. 본사 구축에 드는 비용을 없애니 가맹점들로부터 회수해야 할 비용도 사라졌고, 점주들은 부담감을 크게 덜 수 있었다. 체인점 숫자가 빠르게 늘지는 않지만, 어차피 본사가 없어 체인점 오픈을 도울 인력도 부족하다는 점을 고려한다면 오히려 걱정거리가 줄어든 셈이다. 이런 방식이다 보니, 체인점에 관심을 보이며 찾아오는 분들에게도 우리의 시스템을 있는 그대로 소개한다. 열자마자 큰돈을 벌 수 있다느니 하는 장밋빛 희망을 불어넣는 대신,

지극히 현실적인 이야기들을 들려준다. 오픈 초기에는 장사가 생각만큼 잘 되지 않을 수도 있고, 큰 수익을 내는 건 복불복이어서 나에게도 답은 없다고 설명한다. 그리고 우리의 조건을 받아들여 계약을 성사하게 되면, 가능한 한 비용을 적게 들이라고 조언한다. 그 외에 되도록 권리금이 없고 임대료가 싼 점포를 찾고, 주방집기들은 중고제품으로 마련하고, 운영은 혼자 하지 말고 가족이 함께 해 인건비를 줄이라는 충고도 덧붙인다.

본사와 각 가맹점들은 서로 많이 다투게 된다고 들었다. 아마도 그들이 싸우게 되는 이유는 한 가지일 것이다. 돈을 벌지 못해서이다. 양자가 모두 돈을 벌 수 있도록 서로 한 발짝씩 양보한다면 싸울 일이 없을 것이다. 본사와 가맹점 모두 같은 이름을 걸고 장사하는데, 서로 잘 되어야 할 것 아닌가. 윈윈(win-win)하고자 서로 애쓸 때 프랜차이즈의 가치는 날로 상승할 것이다.

프랜차이즈 사업에 관한 생각2—망하지 않고 수익을 내는 법

프랜차이즈 사업의 성공에 발목을 잡는 두 가지 요인이 있다. 하나는 세금이고 다른 하나는 인건비다. 이 두 가지가 체인본사의 흥망을 좌우한다. 우선 세금 관련 문제. 대개 체인 본사는 여타 기업들보다 잦은 세무조사를 받는다. 기본적으로 수익 추적이 용이하기 때문인데,

가끔 매출이 신통찮은 가맹점 주인이 본사를 세무서에 신고하는 경우도 있어 그 횟수가 더해진다. 그러나 이는 큰 문제가 되지 않는다. 가맹비 등 본사 사장이 가져가는 수익은 세금계산서를 끊고, 나머지 수익은 아웃소싱으로 돌려 매출을 올리지 않으면 된다. 인건비 관련 문제는 조금 어렵다. 프랜차이즈의 외형을 키우기 위해서는 성장속도에 따라 직원을 충원해야 하는데, 성장률이 떨어지면 인건비를 감당하기 어려워진다. 결국은 체인점을 늘리는 게 힘들어지고 적자를 면치 못하게 된다.

이처럼 성장속도가 한계점에 다다른 상황에서 수익을 내기 위해서는, 사전에 지속적인 수익을 낼 수 있는 방안을 강구해두어야 한다. 대표적인 것들이 로열티 수익과 물류 수익이다.

본래 로열티 수익은 프랜차이즈 사업에서는 필수요소인데, 이상하게 우리나라 사람들은 매출에 따른 로열티 수익을 지불하는 것을 탐탁스럽지 않게 여긴다. 매출에 따라 정해진 퍼센트의 로열티를 내라고 하면 어떤 가맹점주들은 아예 매출을 속여 버린다. 이런 이유로 우리나라에서 제대로 로열티 수익을 올리는 프랜차이즈 기업은, 엄청난 브랜드파워를 확보한 몇몇 귀족기업에 불과한 실정이다.

이런 상황을 극복할 수 있는 방법이 바로 물류 수익을 통한 지속적인 수익 확보다. 여기서 중요한 것은 체인점들에 납품할 품목을 잘 선택해야 한다는 점이다. 잡다한 품목을 납품하다보면 본사와 가맹점 모두 쓸데없는 비용을 들이게 되므로, 수익이 괜찮은 핵심 품목을 선정해 납품해야 한다. 여기에서도 문제는 발생한다. 가맹점들은 시중가격과 같거나 그보다 더 낮은 납품가를 원한다는 것이다. 대량구매를 통한 납품가 인하가 그 유일한 해결책이다. 일반적으로 캔제품이 수시로 염가에 대량구매하기 적합하고, 육류를 대량구매하기 위해서는 시기를 적절히 택하는 테크닉이 필요하다. 가격이 저점에 다다랐을 때를 포착해야 하는 것이다. 이때도 고려해야 할 것은 있다. 넉넉한 물류창고를 확보하는 일이다. 가맹점 수가 늘수록 공급해주어야 하는 육류의 양은 점점 많아진다. 이처럼 많은 육류를 안전하게 보관하기 위해서는 충분한 저장 공간을 확보해야 한다. 창고가 작아서 납품해야 하는 육류가 빨리 동나면 가격이 저점까지 떨어질 것을 기다릴 겨를도 없이 구매할 수밖에 없기 때문이다. 이런 상황이라면 충분히 절감할 수 있는 비용을 지출하게 되어, 결과적으로 수익을 갉아먹는 셈이 된다. 이처럼 중요한 물류창고 문제를 해결한다면, 가맹점들은 염가에 재료를 공급받을 수 있어 좋고, 본사는 물류 수익을 크게 올릴 수 있어 좋다. 그리고 물류 수익만으로도 안정적인 이윤을 확보할 수 있다면, 그 업체는 성공한 프랜차이즈로 소문날 것이다.

미국산 쇠고기

(오해의 소지가 있는 글이라서 쿠킨스테이크의 사정을 미리 밝혀둔다. 미국산 쇠고기의 수입이 재개되었지만 우리 가게는 앞으로도 호주나 뉴질랜드 제품만 사용할 계획이다. 우리 가게는 미국산 쇠고기 수입이 금지되

기 전부터 호주산 쇠고기를 사용해왔다. 미국에서 수입되는 등심, 립아이, 티본 등은 지방이 많이 붙어 있어서 가격이 다소 높다. 반면 호주와 뉴질랜드산 쇠고기는 미국산에 비해 풍미가 다소 떨어지는 대신, 방목한 소의 고기이므로 사람 몸에는 훨씬 좋다. 이런 까닭에 우리 가게는 줄곧 호주산 쇠고기를 고집해왔다.)

미국산 쇠고기의 수입이 재개된다는 소식이 전해지고 많은 사람들이 내게 묻는다. 고기 장사를 해보려고 하는데 어떤 가게를 하면 좋겠냐는 것이다. 스테이크가게만 열지 않는다면 나와 경쟁관계를 이루지 않을 테니, 사람들의 물음에 친절하게 대답해주는 편이다. 그러나 한편으로는 음식 장사를 하려는 이들의 계획이 다소 우려되기도 한다. 음식 장사가 얼마나 힘든 일인지는 가게를 열어보면 금방 알 수 있다. 물론 힘들지 않은 직종은 없겠지만, 음식점 중 돈을 제대로 버는 곳은 10퍼센트도 채 되지 않는다는 사실을 알면 다들 놀랄 것이다. 나머지는 가까스로 현상유지를 하거나 있는 돈마저 까먹고 있는 형편이다. 노동 강도 또한 다른 어떤 업종보다 세다. 휴일 없이 장사하면서도 하루 12시간 이상 노동은 기본이다. 최소 1억 원 이상의 돈을 들여 가게를 차리고, 그토록 힘든 노동을 하며 운영하는데도 고작 3년도 버티지 못하고 문을 닫고 있으니, 음식 장사는 그야말로 '못해먹을' 직종이라고까지 말할 수 있다. 농민들은 먹고 살 길 없으니 나라가 먹여 살리라고 시위라도 하지만, 음식점 주인들은 그렇게 하지도 못한다. 더 기막힌 것은, 장사에서 적자를 봐도 종합소득세 납부통지서는 어김없이 날아온다는 것이다. 세무당국에서 음식점의 적자를 인정하지 않기 때문이다. 적자를 낼 바에는 장사 그만두지 왜 계속 하냐는 투다. 그러나 음식점 주인들이 적자를 보면서도 가게 문을 닫지 못하는 데에 다 사정이 있다. 가게 차릴 때 들인 권리금이나 시설비라도 뽑아보고자 하는 것이거나, 점포 계약기간이 남아 있어서 당장 보증금을 찾을 수 없기 때문이다.

　사정이 이런데, 미국산 쇠고기 수입을 죽어도 반대한다는 사람들의 주장을 들으면 기분이 썩 좋지 않다. 그들은 우리나라 요식업의 큰 부분을 차지하는 영세업자들의 상황을 전혀 고려하지 않는 것 같다. 요식업 분야에서 미국산 쇠고기가 갖는 의미는 실로 대단하다. 광우병 사태가 발생하기 전까지, 미국산 쇠고기는 요식업계를 먹여 살릴 수 있는 확실한 물건으로 인정받아왔다. 미국산 쇠고기 각 부위를 취급하는 음식점들이 번창하고, 소 특수부위 전문 음식점들도 많이 생겨났었다. 이에 따라 미국산 쇠고기의 가격이 다소 오르기도 했지만 여전히 장사할 만한 가격선이었다. 그러나 광우병 사태가 발생하고 미국산 쇠고기 수입이 전면 금지되면서 이 음식점들은 문을 닫을 수밖에 없었다.

　이런 시장 분위기 속에서 생겨난 게 바로 삼겹살집 창업 열풍이다. 하지만 삼겹살의 맛은 갈빗살, 안창살, 막창, 양지머리 등 쇠고기의 다른 부위들과 비교해볼 때 그다지 좋다고 볼 수 없다. 가격 또한 국내산 삼겹살의 경우 미국산 쇠고기와 별 차이가 없거나 오히려 비싸기까지 했다. 반면 쇠고기는 삼겹살처럼 많은 채소를 곁들여 먹을 필요가 없고, 훨씬 적은 양의 밑반찬과 소금으로도 충분히 맛있게 즐길 수 있는 장점을 가지고 있다. 파는 사람과 사먹는 사람 모두에게 더없이 좋은 조건인 것이다.

이러니 음식 장사하려는 사람들이 미국산 쇠고기에 달려들 수밖에 없었던 것이고, 수입 재개 소식에 새로이 큰 희망을 걸 수밖에 없는 것이다. 그러나 수입 재개 반대를 외치는 사람들은 이런 사정은 덮어둔 채 무조건 반대를 외친다. 국민 건강을 해치는 것은 물론, 국내 축산업이 붕괴하게 될지도 모른다는 게다. 그렇다면 이러한 주장은 과연 설득력을 지닌 것일까?

우리나라 사람들이 쇠고기를 쉽게 먹을 수 있게 된 건 경제사정이 나아진 탓도 있지만, 무엇보다 값싼 수입쇠고기가 들어오게 된데 그 이유가 있다. 맛 좋고 값도 싼 미국산 쇠고기가 등장했다가 광우병으로 사라진 뒤에는 호주나 뉴질랜드산 청정우가 대체물로 사랑받았다. 그러나 한우는 여전히 가격이 비싸서 일반인들은 쉽게 먹을 수 없는 게 현실이다. 한우의 맛이 대단한 것은 사실이다. 마블링이 장난 아니기 때문이다. 하지만 마블링은 불포화성 지방이므로 사람이 섭취해봤자 별로 좋을 게 없다. 반면 호주처럼 광대한 땅을 가진 곳에서 자란 소들은 어떤가? 곡물을 많이 먹지 않고 운동도 충분히 해서 스트레스를 받지 않은 이 소들은, 육질은 다소 질기지만 사람 몸엔 더없이 좋다.

육우 관리에서도 한우는 딱히 나을 게 없다. 미국에서 사육되는 소들과 마찬가지로, 한우도 풀 대신 사료를 먹고 항생제를 맞으며 자란다. 도축과 정육, 운반과정에서의 세균감염 문제도 미국이나 일본보다 나을 게 없다. 이처럼 건강이나 위생 차원에서 딱히 나은 게 없는 고기를 단지 '우리 것'이라는 이유로 비싼 돈을 치르고 사먹어야 하는 현실은 분명히 재고되어야 한다. 단, 그 비판의 화살은 한우 농가로 향할 것이 아니라 국가와 언론, 몇몇 시민단체들에게 돌아가야 한다. 객관적이고 올바른 정보 제공을 통해 국민들이 현실을 인지한 뒤 입장을 정하도록 하지 않은 게 바로 그들의 책임이다. 그리고 한 가지 바라는 게 있다면, 음식 장사하는 이들의 입장을 그들이 조금이나마 고려해줬으면 한다는 것이다. 장사꾼들은 다만 돈 되는 장사를 해서, 지금의 난관을 극복하고 먹고 살 수 있게 된다면 만족할 뿐이다.

아무튼 미국산 쇠고기의 수입 재개는 확정됐고, 수입 물량의 방출이 눈앞에 다가왔다. 중요한 것은 뼈가 붙은 부위나 내장 부위 등이 수입 대상에서 제외되었다는 것이다. 당연히 막창, 양깃머리, 쇠갈비, 안창살은 수입되지 않는다(안창살은 횡격막 부분이라 내장으로 분류된다). 따라서 2003년까지 전성기를 누리던 갈비탕집, 막창, 곱창집 등은 더 늘어나기 힘들 전망이다. 대신 갈빗살, 목심, 살치살, 등심, 갈비본살, 차돌박이 등을 취급하는 음식점들이 번창하게 될 듯하다. 목심은 일단 불고기 재료로 좋고, 품질이 좋기 때문에 특히 버섯불고기집이 많이 생길 것 같다. 살치살은 주로 샤브샤브용으로 사용하니 샤브샤브집도 늘어날 것이다. 한편 삼겹살집들은 쇠등심이나 갈빗살, 차돌박이 등을 들여와 고급메뉴로 선보이는 식으로 대응할 것이다. 확실한

건, 현재 고기집 시장을 천하통일하고 있는 삼겹살집의 세도가, 미국
산 쇠고기의 재등장을 계기로 그 끝에 다다랐다는 것이다. '미국산 쇠
고기＝광우병'으로 인식되는 시각을 들어 소비자의 반응이 냉담할 거
라고 예상하는 이들도 있지만, 그건 기우에 불과하다. 고품질과 낮은
가격이라는 막강한 무기로 무장한 미국산 쇠고기가 국내 고기집 시장
을 평정하는 건 시간문제라는 게 내 생각이다.

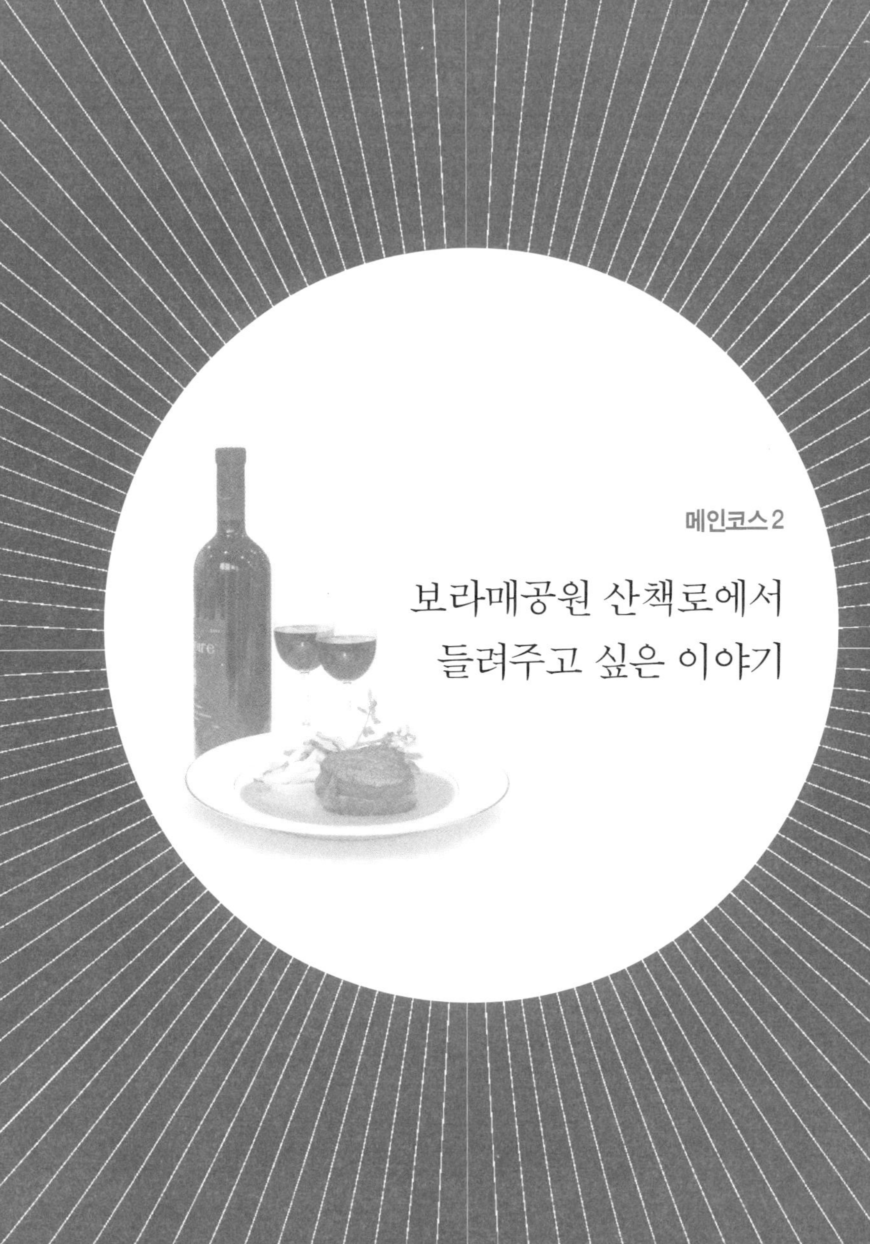

보라매공원 산책로에서
들려주고 싶은 이야기

01

삼류에겐 더 **넓은 마당이 펼쳐진다**

삼류라 외치다

나는 예전부터 주성치 영화를 아주 좋아했다. 그의 웃음코드를 이해할 수 있었기 때문이다. 지금이야 〈소림축구〉〈쿵푸허슬〉 등의 작품으로 각광받는 감독이 됐지만, 예전 그의 명성은 지금에 비하면 형편없었다. 극장 개봉 없이 비디오로만 출시된 작품이 더 많은 것만 봐도 알 수 있다. 얼핏 보면 억지스럽게 느껴지는 그의 유머는, 진지한 영화를 고집하는 우리나라 관객들에게 무시당하기 일쑤였다. 하지만 나는 주성치의 영화를 빠짐없이 챙겨 보며, 그의 유머를 즐기고 극찬해왔다.

내가 이십대였을 때, 내 또래 사람들의 영화 취향은 굉장히 '높은' 수준이었다. 고전영화나 유럽 예술영화 따위를 즐겨 보고, 그에 관한 책들을 사서 읽고, 몇몇 희귀작품의 비디오는 수집해줘야 영화동호회에 얼굴을 내밀 수 있었다(나도 그중에 한명이었던지라 아직도 많은 비디오를 소장하고 있다. 결코 다시 보고 싶진 않지만……). 이들 영화동호회원 사이에서도 주성치의 영화는 언급할 가치조차 없는 작품으로 대접받았다.

주성치의 귀에 이런 악평들이 들리지 않았을리가 없다. 그러나 그는 자기가 만든 영화들을 통해 이렇게 외쳤다. "그래, 나 저질이다. 그래도 한번 보고나니 재미있지 않더냐!" 초기 작품들이 이런 식으로 세월의 더께를 뒤집어쓰고 나서, 한참 시간이 흘러 최근에 개봉한 그의 영화들은 완전히 다른 대접을 받게 됐다. 한 시대를 풍미했던 홍콩의 영화들이 우리나라 스크린에서 완전히 자취를 감춘 지금도, 주성치의 영화는 나오는 것마다 빠지지 않고 극장에서 개봉된다. 극악하기까지 했던 웃음의 코드가 약해진 게 아쉽긴 하지만, 진정한 주성치 마니아라면 그의 진지한 눈빛을 보고도 웃을 수 있다.

많은 사람들이 자신을 과대평가하거나 상대방에게 대단한 사람으로 보이길 원한다. 인격으로든 지식으로든 부유함으로든 난사람으로 보이려고 애를 쓴다. 인간의 흔한 속성 가운데 하나라 어쩔 수 없음은 인정한다. 또한 내가 실제로 이런 속성으로부터 얼마나 자유로운지도 알수 없다. 하지만 분명한 것은 나는 스스로 '삼류'라고 생각하고 있고, 상대방에게도 그것을 떳떳이 밝힌다는 사실이다. 이렇게 스스로를 '낮은' 사람으로 인정하고 상대방에게 알리면 좋은 점이 많다. 내 결함을 서슴없이 드러내 보일 수 있으니 애써 꾸밀 필요도 없고, 상대 또한 나에게 기대하는 것이 없으니 대하기 편해진다. 또 대단치 않은 일을 하고서 생색낼 수도 있는 등 뜻밖의 소득도 얻을 수 있다.

스스로 삼류라고 생각할 때 정말 좋은 것들은 따로 있다. 한마디로 말하자면, 내 운신의 폭이 넓고 자유로워진다는 것이다. 나는 삼류라서 부족한 게 많다고 생각하면, 자괴감에 빠지거나 자존심 구기는 일 없이 다른 사람들이 지닌 장점들을 받아들일 수 있다. 그리고 남의 눈치를 볼 필요가 없어서 자기가 하고자 하는 일을 더욱 마음 편히 할 수 있게 된다. 체면이나 위신을 신경쓰는 대신, 그 시간에 남들이 기피하는 육체노동이라도 해서 단 얼마의 돈이라도 벌 수 있는 것이다. 화려한 수사로 자신의 학력과 지적 능력을 부풀리고 고급 자동차 따위로 재력을 포장한다고 해도, 만남이 이어지다 보면 그 사람의 본래 가치는 백일하에 드러나게 된다. 치밀하고 교묘한 사람이라면 그 시간을 조금 더 연장할 수는 있겠지만, 자신이 지닌 것을 끝까지 과장하는 건 근본적으로 불가능한 일이다. 그러다가 본 모습이 밝혀지면 그나마 가지고 있던 가치조차 잃어버릴 뿐이다.

나는 스스로 더도 덜도 아닌, 그저 '장사꾼'이라 생각하며 살고 있다. 당연히 성직자나 정치인, 선생님들처럼 자신의 행동을 도덕적인 잣대에 맞추며 일할 필요가 없다. 또한 나의 가치를 포장하기 위해 필요 이상 노력할 이유도 없다. 스테이크 가게를 처음 시작할 때도 같은 생각이었다. 장사를 막 시작하는 시점이어서 기존 가게들에 비해 나은 게 전혀 없었고, 승부를 걸만한 요소는 가격정책 밖에 없었다. 그래서 다른 가게보다 메뉴의 가격을 낮게 책정하는 대신 가격대비 만족도를 높이는 데 신경을 썼다. 더불어 다른 가게들의 장점, 이를테면 우수한 고기 품질이나 인테리어나 서비스 등을 계속 벤치마킹했다. 고객들이 저렴한 가격에 스테이크를 즐기면서도 최상의 서비스를 받고 있다는 느낌을 가질 수 있도록 한 것이다. 그 결과 우리 가게는 오래 지나지 않아 좋은 스테이크 전문점으로 이름이 나기 시작했고, 체인점 수도 점차 늘어갔다.

돈과 외적 치장의 관계

음식 장사로 성공한 남자들의 자동차는 대부분 그랜저급 이상이다. 조금 젊은 사람이라면 SM7 같은 차를 구입한다. 혹은 내 경우처럼 식재료를 실을 수 있는 카렌스나 무쏘스포츠 같은 차를 사기도 한다. 이처럼 남자들은 스스로 장사에 성공했다는 생각이 들면 곧 고급자동차를 구매하는 경향이 있다. 이것들을 구입하는 데는 적어도 3천만 원에서 많게는 1억 원 이상의 돈이 든다. 어째서 남자들은 자동차 따위에 이렇게 많은 돈을 들이는 걸까?

남자에게 자동차는 액세서리 비슷한 것일 게다. 여자들이 수백만 원을 들여 명품 구두나 가방을 사는 것과 마찬가지로, 남자들은 수천만 원짜리 차를 액세서리로 지니고 그 후광효과를 노리는 것이다. 젊은 사람이라면 이런 후광을 이성을 꾀는 데 주로 사용하겠지만, 나이 든 사람들은 비즈니스 관계에 있는 사람들이나 친목모임 사람들에게 자신의 부를 과시하는 용도로 쓰게 된다. 나이 들어 맺는 대인관계의 경우 겉으로는 친목모임의 꼴을 취하고 있더라도, 그로부터 파생되는 부차적인 효과를 무시할 수 없는 게 사실이다. 그건 보통 경제적 이해관계를 놓고 모임 내부에서 벌어지는 암투 비슷한 것일 텐데, 이 관계망 속에서 자신을 어필하려면 자신의 명예나 부를 겉으로 드러낼 수 있는 무언가가 필요한 법이다. 이건 장사꾼의 세계에서도 마찬가지이다. 외적으로 드러나는 화려함이 그 장사꾼의 모든 것을 대변할 수는 없겠지만, '잘 나가는 가게 사장'임을 드러내는 아이콘으로서의 기능은 충분히 할 것이다.

그러나 돈을 정말 많이 번 장사꾼이라면 이런 외적 치장조차 필요 없다. 누구나 잘 아는 유명한 업체를 운영하고 있고, 자신이 그 오너라는 것을 많은 이들이 알고 있다면 그것만으로도 강력한 후광이 될 것이다. 이렇다면 자전거를 타도 상관없고 대중교통을 이용해도 상관없다. 돈 들여 값비싼 '액세서리'를 마련하고 그걸 뽐내기 위해 애쓰지 않아도 누구나 그의 '대단함'을 인식하기 때문이다.

젊었을 때, 나중에 돈을 많이 벌면 중국 부자들의 외양을 따라하고 싶다고 생각했던 적이 있다. 퉁퉁하게 살이 오른 몸매에 살짝 그을린 피부, 얼굴과 목덜미에 살짝 난 수염, 꽃무늬 셔츠와 반바지를 걸치고 목엔 금목걸이, 손목엔 금팔찌와 금시계를 한 모습. 카드보다는 현금 쓰는 걸 좋아해서 지갑에는 항상 현금이 두둑하고, 커다란 벤츠 뒷좌석에 파묻혀 시외에 자리 잡은 저택에 도착하면 반갑게 나를 맞이하는 미모의 부인. 얼추 이런 식이다. 가만히 보니 영화 〈무간도〉 시리즈에 출연해 널리 알려진 홍콩의 국민배우 증지위와 매우 흡사하다. 아무튼 이런 걸 멋지다고 생각하고 따라하고 싶어 했다니, 그때 내가 참 어리긴 했나 보다.

정작 지금의 내 모습은 어떤가? 청바지와 티셔츠를 즐겨 입고, 여기 저기 사고의 흔적으로 지저분해진 금색 카렌스에 식재료를 싣고 다니며, 신발 또한 금색 운동화다. 자동차와 신발 모두 금색인 까닭은, 그 것들이 다른 색상의 같은 제품보다 잘 팔리지 않아 저렴했기 때문이다. 단지 그 이유뿐이었는데, 누군가 여기에 썩 괜찮은 의미를 부여해 줬다. 금색으로 칠해진 물건이 돈을 벌게 해준다는 속설을 믿고 금색으로 쫙 뽑은 게 아니냐는 게다. 듣고 보니 그럴싸한 말이어서 나도 적당히 그쯤으로 생각하고 있다. 그래도 나이에 비해 어려보이기는 한 것 같다. 처음 만난 몇몇 사람들이 나를 늦게까지 공부하는 학생이나 신입사원 정도로 보는 일이 종종 있었다. 간혹 여자에게 빌붙어 사는 백수나 기둥서방으로 본 사람들도 있지만 말이다.

정색하고 이야기하자면, 지금 내 모습이 실제 조건에 비해 다소 과대평가되고 있는 듯하다. 2004년 쿠킨스테이크를 열고 이름을 알리기 시작하면서 각종 언론매체에서 맛집으로 소개해준 덕분에, 많은 사람들이 나를 젊은 나이에 크게 성공한 사람으로 보곤 한다. 결코 대단한 재산가나 실력자가 아닌데, 마치 그런 사람처럼 여겨지는 건 나로서는 굉장히 부담스러운 일이다. 그래서 일부러 외적으로 드러나는 부분의 톤을 낮추려고 노력한다. 행색은 물론 자동차 등 액세서리적 요소들을 가급적이면 수수한 것으로 구비하게 되는 것도, 대략 이런 이유에서인 것 같다. 나는 나 자신의 본 모습과 현재 위치를 누구보다 잘 알고 있기 때문이다. 나에 대한 사람들의 과장된 평가에 나도 모르게 휩쓸리거나, 나에게 씌워진 거품을 제때 빼지 못하고 그대로 두면, 나는 점점 거품덩어리로 변해갈 것이다. 그리고 언젠가는 그 거품과 함께 터져버릴 수도 있다. 그게 무서워서라도, 나는 항상 최면 상태에 빠지는 것을 경계한다.

나의 재테크

샐러리맨 생활을 하는 지인들을 만난 자리에서 꼭 듣게 되는 이야기가 있다. 주식이나 아파트가격 등 재테크에 대한 것들이다. 나는 그 분야에 대해서는 별 관심도 없고 딱히 얻는 정보도 없는지라, 그저 사람들이 주고받는 이야기를 듣고 있을 따름이다. 간혹 한마디 던졌다가는 요즈음 추세는 그렇지 않다고 면박을 당하기 일쑤여서, 재테크에 대한 이야기가 나오면 그냥 고개를 끄덕이며 맞장구만 친다. 이런 나도, 몇 해 전인가 몇 백만 원어치의 주식을 산 적이 있다. 프로야구 엘지트윈스팀의 열성팬이었던 나는, 당시 엘지에 대한 충성심이 엘지그룹 직원보다 더욱 강했다. 잠실야구장으로 데이트를 다녔고, 커플티로 엘지구단의 빨간 티셔츠를 구입해서 월드컵 응원을 갈 때도 그 티셔츠를 입고 갔을 정도다. 이 무렵 잠깐 주식에 관심을 가졌던 나는, 다른 기업들은 모두 제쳐두고 오로지 엘지그룹 내 기업들만을 눈여겨보았다. 결국 선택한 회사는 엘지카드와 엘지생활건강. 엘지생활건강 주식으로는 조금 땄지만, 엘지카드 주식으로는 왕창 잃었다. 이때 엘지카드의 주식 관련 비리 사건까지 공개되면서, 엘지에 대한 내 충성심은 곧 배신감으로 돌변했다. 게다가 엘지구단이 당시 감독이었던 김성근 씨를 경질하는 만행까지 저지르자, 내 분노는 폭발하기에 이르렀다.

결정적으로, 그 사건 이후 주식에 투자하는 등의 재테크를 딱 끊게 됐다. 그리고 여윳돈이 생기면 재테크 대신, 고기값이 떨어질 때를 기다렸다가 고기를 잔뜩 구입한다. 이게 바로 내 재테크 아닌 재테크가 되었다. 예전에 수입육유통업을 하면서 알게 된 수입업체가 있어 관련 정보를 종종 얻는데, 그 덕분에 적절한 시기에 좋은 조건으로 고기를 살 수 있다. 쿠킨스테이크가 좋은 스테이크를 저렴한 가격에 판매할 수 있는 건 바로 이런 이유에서이다. 좋은 고기가 수입되었을 때 좋은 조건으로 대량 구매하니, 고객들에게 싼 값에 서비스할 수 있는 것이다. 이때 구입하는 양은 톤 단위에 이르는데, 다행히 아버지가 소유하고 계신 건물에 냉동창고가 있어 이 물량을 모두 보관할 수 있다. 다른 재테크는 언제든 손해 볼 수 있지만, 내 경험상 고기를 대량으로 싸게 사두는 건 항상 수익이 난다. 또 체인점이 늘어나면 주문하는 물량이 늘기 때문에 구매가격을 더욱 낮출 수도 있다.

내가 장사꾼 생활에 너무 푹 젖은 것일까? 주식이니 채권이니, 남들 모두 기웃거리는 것들에는 영 관심이 없고, 고기 같은 현물을 쟁여놓는 게 마냥 좋다. 나이를 먹을수록 나의 현물에 대한 맹신은 더욱 강해져서 이젠 통장 잔고를 보고 있어도 내 재산이라는 느낌이 들지 않는다. 내 가게, 쌓아둔 고기, 넉넉한 식자재들, 이런 것들을 보고 있어야 마음이 든든하다. 펀드에 투자해서 얼마를 벌었다느니, 사뒀던 아파트 가격이 얼마 올랐다느니 하는 이야기들을 들어도 마음이 흔들리지 않는다. 혹여 세월이 한참 흐른 뒤에 새로운 일에 도전하는 게 두려워지는 때가 온다면, 그때는 신통한 누구에게 자산관리를 맡길 지도 모를 일이지만…….

인내 그리고 절약

우리나라 사람들, 특히 대부분의 남자들은 술자리에서 많은 인간관계를 맺는다. 남자들은 술이 들어 가지 않으면 속 깊은 데 있는 이야기를 꺼내놓지 않는다. 다들 거친 군생활을 경험해서 그렇게 되는 것일까? 정도는 덜하지만, 여자들도 그런 걸 보면, 꼭 군대문화 때문만은 아닌 것 같다. 더욱이 이런 습성은 나이를 불문하고 술이 한두 잔 들어갔다 하면, 한 명 두 명 제 속을 뒤집어 까면서 힘든 일에 대해 푸념을 늘어놓기 시작한다. 결론은 대부분 먹고 살기 힘들다는 얘기다. 상대방에게 털어놓는다고 해서 딱히 대책이 나오는 것도 아닌데 장광설을 늘어놓기 일쑤다. 다행스러운 것은, 우리나라는 이렇게 술 마시며 떠들어대기 좋은 환경을 갖고 있다는 것이다. 술집 많고, 술값 싸고, 술 친구들 많고, 게다가 술에 취해 주사 부려도 웬만하면 이해해준다. 세금 올리기 좋아하는 정부도 함부로 소주 값을 올리지 못할 정도다. 만약 정부에서 미친 척하고 소주 값을 확 올려버린다면, 국민들이 폭동이 일으킬 거라고 점쳐보는 것도 무리한 일이 아닐 게다.

인생에 어렵고 힘들지 않을 때가 한시라도 있던가? 이 진리를 다들 알면서도, 푸념이 한번 터지면 경쟁하듯 제 어려운 상황을 게워내는 게 우리들의 모습이다. 마주앉아 그걸 들어주는 사람도 답답하긴 마찬가지다. 해줄 수 있는 말이라곤 그저 참으라는 것밖엔 아무 것도 없다. 하지만 이 참으라는 말 또한 진리이다. 참지 않고 경거망동했다가는 더 큰 어려움이 닥쳐올 수 있다. 어감이 조금 약한 느낌이 있지만, '인내가 미덕'이라는 말은 정말 맞는 말이다.

장사할 때도 최고의 미덕은 인내다. 아버지께서 내게 마지막으로 가르쳐 주신 교훈도 바로 '견디라'는 것이었다. 조금 자세히 말하면, 가르침 받은 게 아니라 어려운 가계 상황 속에서 어쩔 수 없이 체득한 것이다.

1990년대 초, 아버지께서는 하시던 일에서 손을 떼셨다. 당시 50대 초반이셨는데, 새로운 일을 시작하기에는 나이가 많아 더이상 일을 할 수 없다고 하셨다. 사업은 젊을 때 하는 것이지, 나이 먹어서는 쉽게 할 수 있는 게 아니라고 하셨다. 그 이후로 우리집 가계는 기울기 시작했다. 그때 나와 내 동생은 대학생, 누나는 유학생이었다. 학비와 생활비가 엄청나게 들어가 빚을 지지 않을 도리가 없었다. 엎친 데 덮친 격으로 1980년대 말에 지은 아버지의 건물이 임대료 문제로 속을 썩이기 시작했고, 외환위기 때는 세 들어 있던 사람들이 한꺼번에 나가는 바람에 더 큰 곤욕을 치러야 했다. 한마디로, 우리 집의 'IMF사태'는 1990년대 초반에 이미 시작된 셈이었다. 결국 장남인 나는 20대 중반부터 큰 빚을 지게 되었고, 한동안 이 모든 짐을 장남인 내가 모두 짊어지고 살아야 한다는 강박관념에 시달리기도 했다. 다행히 나와 동생이 회사에 다니거나 사업을 벌여서 빚을 차근차근 갚아나갈 수 있었다. 어느 집이나 빚지지 않고 사는 일은 없다지만, 젊은 나이에 빚더미에 억눌려 지낸 십여 년의 세월은 아찔할 정도로 캄캄했다. 이때 체득한 게 바로 인내였다. 갚아야 할 빚을 생각하며 돈을 아끼는 생활 속에서 인내를 배웠고, 절약이 미덕이라는 것을 배웠다.

경제적 어려움을 참는 것은 처음에는 힘들지만, 시간이 흐르면 은근한 재미를 느끼게도 한다. 어려움 없이 지내다가, 갑작스레 소비하고픈 욕구를 참고 견뎌야 하는 상황이 오면 괴로운 마음이 드는 게 당연하다. 하지만 그 생활이 지속되다보면 어느 순간부터는 참는 노력이 필요 없어진다. 하고 싶은 걸 참지 않고 살아도 돈이 크게 들어가지 않는다. 사실 우리가 소비하는 것들 중 많은 것이 꼭 필요한 것이 아닌 경우가 많다. 진짜 필요한 것들을 사는 것은 생각보다 적은 돈으로도 가능하다. 이렇게 쓸데없는 소비들을 줄이다보면 자신이 진짜 돈 들여야 할 곳이 어딘지 알게 된다. 현재의 즐거움이 아니라 미래에 더 큰 혜택으로 돌아올 곳을 간파하고, 거기에 돈을 쓰게 되는 것이다. 이쯤 되면 돈 쓰는 행위가 '소비'를 넘어 '투자'의 경지에까지 이른다. 고난의 시기가 기회로 전화위복하는 순간이다.

내가 싫어하는 말, 현상 유지

나는 의외로 적응력이 강하다. 내 성향이나 주장과 반대지점에 있는 것들도 일부러 찾아 접하곤 한다. 기호에 맞지 않아 그냥 넘겨버린 것들 중에서 내가 취할만한 것이 무엇이 있는지 찾기 위해서이다. 좌파적 경향을 보이는 신문을 더 열심히 읽고, 여성을 독자로 삼는 신문도 매우 즐겨본다. TV 토론프로그램을 보면서 나와 반대되는 견해를 펼치는 패널에 대해 분개하면서도, 그의 의견을 더욱 유심히 듣게 된다. 젊은 시절을 돌이켜 보면, 이성에 대해서도 딱히 꺼리는 스타일이 없었던 것 같다. 예쁘지 않은 여자, 나와 상반되는 성향을 가진 여자, 심지어 성격장애를 가진 여자들과도 친하게 지냈다. 내가 이렇게 나와 맞지 않는 것들과도 친해지는 능력을 가질 수 있게 된 건, 중학교 때 한 선생님의 요상한 가르침 덕분이다.

그분은 '짱구'라는 별명을 가진 체육선생님이었다. 86아시안게임이 한창 진행되던 당시, 입장권이 팔리지 않는 비인기종목 경기에는 으레 학생들이 동원되어 자리를 채웠다. 그때 우리 반은 수구 경기에 동원됐는데, 학급 인원 모두는 크게 반발할 수밖에 없었다. 한국 팀이 치르는 경기도 아니고, 본선이 아닌 예선전이었기 때문이다. 짱구선생님은 씩씩대는 우리에게, 재미없는 경기를 재미있게 보는 비법을 전수해주셨다. 요는, 수구 경기가 재미없다면 굳이 경기 자체에 주목할 필요가 없다는 게다. 선수들이 입은 수영복 패션을 감상해도 되고(몸매 감상이라고 말하는 게 솔직하겠다), 라인 밖으로 나간 공을 줍기 위해 허

등대는 볼보이를 보는 것도 재미있을 거라고 했다. 이밖에도 경기장 안에서 예쁜 여자 발견하는 방법 등 경기 외적인 요소들 가운데 즐길 만한 것들을 장황하게 설명하셨다. 그때만 해도 마냥 어렸던 나는 그 이야기에 무척 자극을 받았다. 그분 말씀을 참고해 수구 경기는 그럭저럭 관람했고, 정작 중요한 건 그 다음이었다. 사람을 만날 때 그 수법들을 종종 이용해먹을 수 있었던 것이다. 미팅에 나가 폭탄을 만나더라도 어느 구석에선가 예쁜 부분을 찾아내는 걸로 그 시간을 즐기고, 잘난 체하고 거들먹거리는(한마디로 재수 없는) 사람을 만나 그의 비위를 맞춰주면서 친해지는 일 등이 가능해졌다. 간혹 몇몇 사람으로부터 "저놈 변태 아냐?" 하는 의심을 받기도 했지만, 적어도 지루하거나 비위에 맞지 않아 못 견디는 경우를 줄일 수 있었던 건 좋은 일이었다. 일상 속의 사소한 일들을 스트레스 없이 넘어갈 수 있다면 그걸로 족한 것 아니겠는가?

이렇게 나는 대부분의 일에 뛰어난 적응력을 보이며 이해하고 넘기는 편이지만, 그냥 보고 넘길 수 없는 일이 한 가지 있다. 그건 바로 현상만 유지하면 된다는 자세다. '현상 유지' 따위의 말은, 마음이 나약해진 장사꾼이 입에 담는 말이다. 나는 잘 알고 있다. 장사꾼에게는 현상 유지라는 게 없다는 것을…… 표면적인 손실이 없다고 해서 현상을 유지하고 있다고 생각한다면 큰 오산을 하는 게다. 매출은 그럭저럭 이전 수준을 유지하고 있을지언정, 자기 장사를 뒷받침하는 모든 것들은 계속 삭아가고 있다는 것을 알아야 한다. 언뜻 보아 눈에 잘 띄지 않을 뿐, 감가상각 되는 기계나 시설, 투자한 비용과 그에 해당하는 금리의 비교분, 시간이 흐름에 따라 상실되어가는 장사꾼의 노동력 등 너무나도 많은 것들이 시시각각 사라지고 있다. 장사를 벌이지 않고 회사에 다녔을 경우의 기회비용까지 고려한다면, 현상 유지 따위의 말은 당장 목구멍 안으로 꿀꺽 삼켜야 할 것이다.

그러기에 장사가 앞으로 나아가지 않고 제자리에 머문다면, 자기 장사가 퇴보하는 중이라고 판단하는 게 옳다. 물론 쉬지 않고 앞으로 나아가는 것만이 능사가 아님은 잘 알고 있다. 시장 상황을 주목하며 몸을 낮추어야 할 때도 분명히 있다. 하지만 이런 전략적인 차원에서의 정중동이 아니라면 곤란하다. 스스로 알 것이다. 지금의 상황이 자기 의지에 의한 것인지, 어쩌다보니 그렇게 되어버린 것인지를. 장사를 하는 한 장사꾼은 항상 젊다. 늘 굶주려 있어야 하고 적당한 성취에 만족하지 않아야 한다. 나이 들면서 강속구에서 변화구로 구질을 변화해 롱런하는 영리한 투수들처럼, 장사꾼도 제 나이 듦을 커버할 재간을 만들어야 한다. 장사꾼의 일기에서 '현상 유지'라는 말을 지우자. 그래야 오래도록 재미 볼 수 있다.

일과 취미

프로와 아마추어의 차이는 무엇일까? 일단 제대로 돈을 받고 일을 하는지 그렇지 않은지가 가장 큰 차이일 것이다. 그밖의 판단 요소 가운데, 기구 소유 상태를 눈여겨볼 수 있다. 프로는 자기 일에 필요한 고성능 기구들을 반드시 가지고 있을 테고, 아마추어는 아예 기구를 갖고 있지 않거나, 전문가용에 비해 부실한 것들을 갖고 있는 게 고작일 게다. 자재를 구매할 때도 양자의 차이는 분명하다. 프로는 끊임없이 일을 하므로 자재를 대량으로 들여놓지만, 아마추어는 취미삼아 일을 하므로 소량으로 살 수밖에 없다.

공구를 사는 것은 무척 즐거운 일이다. 한동안 나는 목수들이 사용하는 공구를 적잖이 사 모은 적이 있었다. 고속절단기를 제외한 대부분의 공구를 갖추었을 정도다. 덕분에, 지금도 손봐야 할 곳이 있으면 각종 공구를 좍 펼쳐놓고 작업을 한다. 전문가처럼 빠르고 정확하지는 못하겠지만, 아마추어치고는 꽤 그럴싸하게 마무리까지 할 줄 안다. 이렇다보니, 은퇴 후에 제대로 벌일 취미로 생각해놓은 것도 목공일이다. 동네에 있는 DIY 가구점에서 목공을 배워 책꽂이나 책상 따위를 무수히 만들면서 여생을 보내는 게 꿈이다. 집 안의 몰딩이나 각종 문짝도 예쁘게 고쳐볼 것이다(이렇게 즐기면서 살려면, 물론 돈을 잔뜩 벌어놓아야 하겠지만……). 그러나 이건 어디까지나 여생을 희희낙락하며 보내기 위한 취미에 불과하다. 내 평생직업인 장사꾼 노릇으로 돈을 벌만큼 번 뒤에나 가능한 일이다. 일은 장사, 취미는 목수. 이렇게 간단히, 그리고 확실하게 정리된다.

취미를 직업으로 연결시키는 것에 대해 어떻게 생각하는가? 미디어들은 이것을 긍정적으로 평가하고 심지어 부추기기까지 하지만, 나는 이에 대해 부정적이다. 아무리 좋아하는 일이라도 직업으로 삼아 하다 보면 금방 질리는 게 인지상정이다. 이런저런 제약 속에서 작업하다보면 작업 한 동작 한 동작에서 느끼는 쾌감은 점점 무뎌질 것이고, 그 일에 정나미가 떨어지는 건 시간문제다. 인생을 즐길 수 있는 취미 하나쯤 갖고 사는 건 정말 좋은 일이다. 경제활동으로부터 받는 스트레스를 줄여주는 역할을 하기 때문이다. 그러나 취미를 경제적 이익이나 사회적 성공을 달성하는 데 이용한다면, 얼마 지나지 않아 좋은 취미 하나를 잃고 마는 결과를 초래할 수 있다. 취미와 직업, 두 영역의 독립성을 고스란히 지켜줄 때 삶은 더 풍요로워질 것이다.

다른 연령대 사람들과 만나다

요즘 나는 다양한 연령대의 사람들을 자주 만난다. 갓 20이 넘은 우리 가게 아르바이트 여학생부터 50대 후반을 넘긴 음식점 사장님까지, 대부분 장사를 하며 알게 된 사람들이다. 이렇게 나이를 넘나들며 사람들을 만나다보니, 가게에서 있을 때는 어른 노릇하다가도 음식점 사장님들을 만나면 갑작스레 막내가 되어버린다. 음식점 사장님들을 자주 만나게 된 건 모 대학원에 개설된 프랜차이즈교육과정을 수강하면서다. 같은 클래스에 있었던 분들 중 상당수가 이름만 들어도 알 정도로 유명한 음식점 사장님들이다. 나보다 연세도 많고 장사 경력도 많고 돈도 많고 심지어 열정까지 대단하신 분들이어서, 만날 때마다 많은 것을 보고 듣고 느끼게 된다. 이 분들을 만나면 좋은 것이 또 하나 있다. 잘 얻어먹을 수 있다는 게다. 난 이 모임에서 상대적으로 나이가 적은 터라 내가 한 턱 내기보다는 보통 얻어먹는다. 특히 원우업소 방문에 참여하면 좋은 음식은 물론, 평소에 비싸서 마셔보기 힘든 술을 대접받는 경우가 많다. 값비싼 히레사케, 생소한 이름의 중국술 등 종류도 다양하다. 동문회비 내는 것만으로 이 좋은 음식들을 대접받고, 인생에서 우러나온 좋은 말들을 들을 수 있어 더없이 좋은 모임이라고 느끼고 있다. 또한 장사에 실질적인 도움이 되는 팁을 얻는 경우도 많아 빠짐없이 참석하려 애쓰고 있다.

이렇게 늘 도움을 받는 어르신들과의 만남과 달리, 가게에서 어린 사람들을 대할 때는 또다른 기분이 든다. 이십대 초반의 직원들과 많은 시간을 함께 하다보면 내 나이를 잊곤 한다. 이따금 그들과의 스스럼없는 관계가 도를 넘어, 그들에게 철없이 굴거나 '뗑깡'을 부리는 만행을 저지르기도 하는데, 가게의 어른이라는 위치를 생각해보면 웃음이 나는 일이다. 젊은 친구들과 어울리며 젊어지는 행운을 얻는 것 같아 그저 기분 좋게 생각하고 있다.

우리 가게에서 열심히 일하는 젊은 친구들을 보면 참으로 대단하다는 생각이 든다. 내가 그들 나이였을 때는 그들처럼 열심히 돈을 벌지 않았다. 솔직히 이야기하면, 갖고 있는 적은 돈을 굴려 술 마시고 놀기에 바빴다. 반면 요즘 젊은 사람들은 너나할 것 없이 '알바를 뛰어' 돈을 번다. 그들이 젊은 나이에도 불구하고 그렇게 열심히 돈을 버는 것은 대견한 일임은 분명하다. 그러나 다시 생각해보면 그들의 그런 돈벌이가 무엇을 위한 것인지 궁금해지기도 한다. 가정형편이 넉넉하지 못해 자기 용돈과 학비를 충당하고자 일하는 경우도 많지만, 그와 무관한 목적인 경우도 종종 보인다. 최신 기종의 핸드폰과 엠피쓰리, 높은 화소의 디지털카메라, 유명 브랜드의 멋진 옷들, 이성 친구에게 줄 각종 기념일 선물 등을 마련하는 데 적지 않은 돈을 쓴다. 우리 때와 달리 젊은이들의 생활에 필요한 것들이 많아진 것 같긴 하지만, 과연 그런 것들을 위해 '아르바이트'라는 단순한 형태의 돈벌이에 많은 시간과 노력을 들여야 하는지는 의문이다.

물론 이른 사회경험은, 본격적인 경제활동을 앞두고 있는 젊은이들이 사전에 직업세계를 파악하는 데 도움 될 수 있다. 하지만 '젊은 패기로 무슨 일이든 한다'는 마음으로 잡다하게 아르바이트에 뛰어드는 것은 마냥 좋게만은 볼 수 없다. 미래에 대한 구체적 계획과 주체의식을 결여한 채 '사장님' 밑에서 일하다보면, 얼마 지나지 않아 그런 식의 소소한 돈벌이에 적응해버리게 된다. 매일 똑같이 돌아가는 작은 가게의 근무패턴에 익숙해지고, 창의성 없는 기능적인 작업들을 처리하는 데 급급하며, 작은 돈을 버는 데 만족하게 된다. 한마디로 남 밑에서 하는 일에 익숙해져버리는 것이다. 이처럼 '알바로 단련된' 젊은이는, 자기의 직능을 적당한 틀에 가둔 채 스스로의 발전가능성을 포기하기 쉽다. 이를 방지하려면 당장 돈을 벌기 위해 알바에 뛰어드는 대신, 어렵지만 '주인'의 역할을 경험할 수 있는 일을 하는 게 좋다. 이런 경험을 조금만 하다보면 자기 일을 운영하는 데 곧 익숙해지고,

뇌리에 주인의식이 확고히 자리 잡게 된다. 젊을 때부터 내 일을 하며 남을 거느리는 사람으로 자신을 만들어가는 것이다.

술장사를 꿈꾸다

인류 역사상 최악의 인간은 미국에서 태어났다. 어릴 때 학교를 자퇴한 이력을 가진 그는, 성장해가면서 친구 살인미수, 기차 화재사건 등을 저지르며 악명을 날렸다. 당연히 이에 대한 사회적인 제재가 가해졌지만, 그는 이에 굴복하지 않고 마침내 인류 역사상 가장 큰 해악을 저지르고 만다. 1879년, '백열전구'라는 희대의 물건을 발명해낸 것이다. 그가 발명한 백열전구는 인류에게 야간작업의 편리함이라는 선물을 주었다. 그러나 이 선물은 곧 악의 손길로 탈바꿈했다. 백열전구를 환하게 켠 모든 공장들에서 심야노동이 일반화되었고, 인간의 노동시간은 산업화 이후 또 한 번 크게 연장되는 계기를 맞았다. 낮처럼 밝아진 밤은 수많은 폭력과 학대, 착취, 죽음, 성폭력, 음주 등을 낳았고, 인간에게서 편안한 수면을 빼앗아갔다. 한편으로는, 향락산업의 급격한 팽창을 불러왔다. 밝은 조명 아래서 늦은 밤까지 그들의 욕망을 불태울 수 있게 된 것이다. 이미 눈치 챘겠지만, 이처럼 백열전구를 발명해 야간 생활의 격변을 불러일으킨 이는 바로 에디슨이다.

대대로 역사상 큰일들은 밤에 많이 이루어졌다. '야음'을 틈탄다는 표현도 있듯, 쿠데타, 암살, 약탈 등 비합법적인 일들이 특히 밤에 많이 저질러졌다. 어둠이 자신의 과오를 덮어줄 것이라는 인간의 얄팍한 계산이 밤을 악의 시간으로 만들어간 것이다. 그런데 인공조명이 생겨난 뒤로 야간 활동은 음습함의 이미지를 다소나마 벗게 되었다. 낮에 행해지던 인간의 생산 활동은 인공조명의 힘으로 야간에까지 이어지게 되었고, 이 야간작업들은 낮의 작업보다 더한 수익을 보장하기에 이르렀다. 그러나 아무리 밤이 밝아졌다 해도 사악한 음의 기운이 사라진 건 아니었다. 단지 이전보다 은밀한 곳으로 숨어들었을 뿐이다. 술, 매춘, 도박 등을 중심으로 돌아가는 향락산업은 오히려 규모를 키웠고, 사람들은 체계화된 향락산업 속에서 안심하고 쾌락을 즐길 수 있게 되었다. 욕망과 쾌락으로 점철된 밤에 대한 후회는 어차피 밤이 아닌 아침에 하게 되는 것이고, 그렇다면 한층 자유로워진 밤에 자기 몸과 마음을 한껏 내맡기는 게 차라리 낫기 때문이다.

이런 야간 산업을 대표하는 것이 바로 술장사다. 음습한 밤을 무대로 이루어지는 업종이므로 술장사를 하는 이들이 감수해야 하는 괴로움은 많다. 그 중 대표적인 두 가지를 꼽아보자면, 하나는 낮과 밤이 바뀐 생활패턴으로부터 발생하는 건강문제이고, 다른 하나는 매일같이 벌여야하는 술 취한 손님과의 실랑이다. 이 문제들로부터 하루도 해방될 수 없는 운명이기에, 술집주인들은 낮에 장사하는 음식점주인들을 부러워한다. 그렇다고 해서 술집주인들이 쉽게 음식점으로 갈아탈 수도 없는 일이다. 얼핏 비슷한 업종으로 보이지만, 술집과 음식점은 특성상 많은 차이가 있다. 우선 마진율을 비교해보면, 술집이 음식점에 비해 확연히 높다. 인건비 면에서도 술집을 운영하는 게 음식점을 운영하는 것보다 훨씬 유리하다. 반면 가게 오픈시간은 술집과 음식점이 비슷하다. 그렇다면 답은 간단하다. 동일한 운영시간에 훨씬 많은 수익을 올릴 수 있는 술장사를 하는 게 이득인 것이다. 돈을 많이 벌고 싶다면 술장사의 괴로움쯤은 감수하는 게 당연한 선택이다.

이러한 이유로, 나 역시 술장사를 시작했다. 쿠킨스테이크는 스테이크와 함께 와인을 팔아왔는데, 저녁 시간대 손님들이 꾸준히 와인을 찾는 편이었다. 와인은 마진율이 좋을뿐더러, 스테이크처럼 조리 과정을 거치지 않고 단지 코르크만 따서 제공하면 되기 때문에 더욱 파는 맛이 있는 제품이다.

이렇게 와인으로 재미를 본 까닭에, 급기야는 쿠킨스테이크에서 밤 시간대에 와인펍 영업을 개시하기에 이르렀다. 밤늦게까지 장사해야 하는 게 껄끄럽긴 하지만, 밤 시간이 사람들에게 내뿜는 마력을 알기에, 일단 그 욕망에 나를 맡긴 것이다. 밤의 쾌락에 기댄 것에 대한 후회는, 현재가 아니라 미래에 하게 될 것이기에…….

성공한 음식점 사장님들의 공통점

앞서 이야기했다시피, 프랜차이즈교육을 함께 받은 분들과 자주 만나는 편이다. 새로 프랜차이즈사업을 런칭한 원우분이 있으면 다함께 그 업소에 방문하는데, 한번은 이 일로 청주에 가게 되었다. 청주를 중심으로 충청지역 일대에서 꽤 유명한 프랜차이즈회사를 운영하시는 원우분이 새롭게 브랜드의 사업을 개시하는 자리였다. 많은 사장님들이 비가 억수같이 쏟아지는 날씨에도 불구하고 자리에 참석하셨다. 대부분 서울지역의 내로라하는 음식점 사장님들이었다. 새 브랜드에 대한 간단한 브리핑이 있었고, 곧 거한 술자리가 이어졌다. 사장님들과 함께 한 술자리는 밤새 끝나지 않았다. 나보다 적어도 10년 이상 나이 드신 분들인데도, 지친 기색 없이 새벽까지 달리고 또 달렸다. 나는 그 자리에서 또 한 번 깨달을 수밖에 없었다. 성공한 음식점 사장님들은 정말 대단한 열정을 지닌 분들이라는 것을……. 사업은 물론, 새로운 것을 배우는 열정도 대단하고, 심지어는 노는 것에 대한 열정도 대단한 분들이다. 그런 모습을 보면서 나는 당연히 주눅들 수밖에 없다. 그러면서도, 나도 저 나이엔 저분들만큼 대단한 장사꾼이 되어있겠지, 하는 꿈에 젖기도 한다.

이러한 만남이 이어지다 보니, 자연스레 성공한 음식점 사장님들이 지니고 있는 공통점을 찾아낼 수 있었다. 첫째는 앞서 이야기했다시피 대단한 열정을 갖고 있다는 것이다. 그들의 열정은 굉장히 전방위적인 것이어서, 젊은 사람도 주눅들 정도다. 둘째 공통점은, 겉모습에서 우러나오는 느낌이 참으로 빈틈없고 단단해 보인다는 것이다. 오랜 시간 이어져온 장사 속에서 수많은 우여곡절을 거치며 다져진 표정과 체형이 아닌가 싶다. 셋째는 자신감이 넘쳐 보인다는 것이다. 그들은 주위 분위기에 주눅 들지 않고 거리낌 없이 말하고 행동한다. 아마도 이미 성공을 경험해서 그런 것인 듯싶은데, 그렇다고 예의 없이 행동하는 것은 아니다. 활기가 넘친다는 말이 정확한 표현일 게다. 넷째, 그들은 현실에 만족하는 일이 없다. 늘 새로운 일에 도전하고자 마음먹고 있고, 그것을 실천해 꾸준히 자신을 발전시킨다. 다섯째 특징은 말주변이 뛰어나다는 것이다. 장사꾼이 지닌 여러 재주 가운데 하나에 불과하겠지만, 개인적으로는 가장 눈부신 재능으로 꼽는다. 말 한마디에 천 냥 빚을 갚는다고 하니, 말만 잘하면 수십만 냥은 거저 벌어들이지 않겠는가.

내가 프랜차이즈교육을 받겠다고 마음먹은 건 두 가지 이유에서였다. 프랜차이즈사업에 대한 지식과 정보를 얻으려는 것과 함께 대인관계를 확장하고자 했던 것이다. 솔직히 이야기하면 후자에 더 관심이 컸다. 나뿐아니라 함께 교육받은 분들 대부분 그걸 염두에 두고 있었을 게다. 실리적 목적을 두고 시작된 만남이 혹 불순하게 보일 수 있다. 하지만 이런 분명한 목적의식은 집단의 우호와 단결을 더욱 튼튼히 해준다. 게다가 어떤 인간관계든 한두 번 이어지다보면 애초의 목적은 흐릿해지고 인간적인 교분이 쌓이기 마련이다. 따라서 목적을 둔 만남을 굳이 불순하게 볼 필요는 없다. 실제로 우리 모임도 성공적인 프랜차이즈사업이라는 목표를 공유했기 때문에, 서로 도움을 줄 수 있었다. 한 발짝 앞서 나간 사람이 건네는 한마디 말은 한 발짝 뒤쳐진 사람에게는 방향타가 된다. 성공한 음식점 사장님들의 당당한 모습, 더 큰 성공을 바라는 나에게는 좋은 모범이 되고 있다.

더 큰 장사

예전에 왕가위 감독의 〈중경삼림〉을 열광하며 본 적이 있다. 〈중경삼림〉은 왕가위가 〈동사서독〉을 찍던 중 여섯 달쯤 시간을 내어 찍었는데도 의외로 그의 대표작이 되어버린 일화로 유명하다. 개봉 이후 전 세계에서 이와 비슷한 영화들이 쏟아져 나왔을 만큼 센세이션을 일으킨 작품이었다. 영화의 마지막은, 여주인공 왕비가 약속장소에서 양조위를 기다리던 중 자기가 예전에 일했던 패스트푸드점에 갔는데, 거기서 양조위를 다시 만나는 장면으로 마무리된다. 양조위는 그 가게주인이 장사를 아주 잘해서 자기가 가게를 인수하게 됐다고 말한다. 하지만 실은 왕비가 준 편지가 젖어 약속장소를 알 수 없었기에, 아예 가게를 사서 그녀를 기다리고 있었던 것이다.

이 영화가 나왔을 즈음에 유행했던 돈벌이 중 하나가 바로 권리금 장사였다. 강남, 압구정, 방배동 등지에 멋진 카페를 차려놓고, 장사가 잘 되면 권리금을 붙여 팔아 쏠쏠한 재미를 보던 시대였다. 이렇게 권리금 붙여 파는 장사를 거듭하면 곧 큰돈을 쥘 수 있었다고 한다. 휴대전화는커녕 삐삐조차 대중화되기 전이었던 당시, 사람들은 대부분 유명한 카페나 길거리를 약속장소로 잡곤 했다. 길거리에서 만나는 것은 한쪽이 한참을 멍하니 기다려야 하는 단점이 있기에 대부분 선호하지 않았다. 당연히 젊은이들이 많이 모이는 번화가의 카페는 장사가 잘됐다. 따라서 카페 권리금 장사가 쏠쏠할 수밖에 없었던 게다. 삐삐조차 없어, 여자 친구에게 전화걸 때마다 그녀의 부모님이 전화를 받으면 어떻게 하나, 하고 마음 졸이던 시절의 이야기다.

　프랜차이즈교육을 함께 받았던 동문이 운영하는 부천 쪽 가게에 간 적이 있다. 은행원 생활을 하다가 그만두고 부천에 체인점을 내면서 그 프랜차이즈의 경기, 인천지사까지 돌보게 된 분이다. 그 프랜차이즈가 그렇게 성장할 줄 몰랐는데 순식간에 체인점 수가 늘어 놀랐다면서, 이번에는 자신도 새로운 브랜드를 런칭할 계획이라고 했다. 그분은 나와 대화하던 중, 자신은 처음부터 가게 운영을 매니저에게 맡기고 본인은 체인점 개설에 진력해왔다며, 나에게도 체인점 사업에 집중해 보라고 조언했다. 쿠킨스테이크 보라매점을 돌보는 것에 무척 애정을 갖고 있는 나로서는 결정하기 쉽지 않은 일이었다. 하지만 냉정하게 생각해 보면, 돈 버는 데 집중해야 하는 장사꾼이라면 더 좋은 수익 사업에 신경 써야 하는 게 당연했다. 스테이크 파는 일과 가게를 파는 일, 후자가 훨씬 돈이 되는 일임은 생각해볼 필요도 없는 일이다. 나에게는 여불위처럼 황제자리를 두고 장사하는 배포까지는 없지만, 체인점을 개설하고 관리하는 정도의 능력은 있다고 생각했다. 그후 의욕적으로 체인점 개설에 나서, 신천, 신촌 등에 이어 최근엔 일산점을 내기에 이르렀다.

　일산에 쿠킨스테이크 체인점을 개설하면서, 앞서 언급한 동문의 프랜차이즈회사에 인테리어 공사를 맡겼다. 일 잘하는 인테리어 팀이 필요했던 나에게는 참으로 잘된 일이었다. 이 일로 그 사장님에게 근사한 술대접도 받고 좋은 이야기도 많이 들을 수 있었다. 그분은 사업을 시작한 뒤 자신이 만난 모든 사람에게 최고의 대접을 했다고 말했다. 지금 만나는 사람이 자기에게는 최고의 사람이라는 마음을 가졌다는 게다. 인테리어 공사 잡부로부터 시작해 가게 아르바이트생, 체인점을 개설하고자 찾아오는 사람들에 이르기까지 친절히 대했다고 했다. 덕분에 대부분의 사람들과 좋은 형태의 만남을 이어갈 수 있었다고 한다. 나는 그분 말을 들으면서 속으로 무척 부끄러웠다. 사람을 만날 때마다 나름대로 그 사람의 간을 보며, 경우에 따라 살짝 무시하거나 의심하거나 피하곤 했던 일들이 떠올랐기 때문이다. 나의 됨됨이를 급격히 깨닫는 순간이었다. 광고 카피 중에도 있듯 나이는 단지 숫자에 불과하다고 생각해왔는데, 마냥 그런 것이 아니었다. 제대로 나이 든 사람들은 확실히 인격이 남달랐다. 나도 나이 먹으면서 저런 큰 사람이 되어가야 할 텐데, 과연 그렇게 될 수 있을지 벌써부터 걱정된다.

승자독식

이따금 아는 사람들을 초대해서, 개인강습으로 배운 요리를 만들어 주곤 한다. 공짜로 제공되는 음식인지라 사람들이 찬사를 쏟아놓는 건 당연한 일이다. 가끔 무언가 모자란 듯하다는 지적이 나올 때는, 다음엔 더 잘 만들고야 말겠다며 두고 보자는 마음을 갖는다. 내가 선보이는 요리는 대부분 오븐을 써서 만드는 것들이라서 보통 가게에서 만들게 된다. 우스운 것은 이때 내 모습이, 예전 어떤 개그프로그램에 나왔던 '식신'이라는 코너를 연상시킨다는 것이다. 손뼉을 딱딱 치고 "세팅!"이라고 외치면 주방보조 두 명이 밑작업을 시작한다. 그동안 나는 게으른 손을 몇 번 뒤척이고, 준비된 재료를 오븐에 집어넣었다가 시간이 지나 꺼내는 걸로 모든 작업을 마친다. 어지러워진 주방을 정리하고 그릇들을 설거지하는 것 역시 주방보조들의 몫이다. 간단한 손질 몇 번쯤 하고는 혼자서 크게 생색내는 셈이다. 이처럼 어이없는 방법으로 요리를 할 때도 있지만, 누군가 취미가 뭐냐고 묻는다면, 나는 당당히 요리라고 말한다. 솔직히 말하면, 한 달에 서너 권씩 요리책을 사는 걸로 보아, 진짜 취미는 '요리'가 아니라 '요리책 사기'라고 말할 수도 있겠다.

미혼의 남자라면, 요리를 배워보는 것도 좋다. 미녀를 꾀는 수많은 기술 가운데 가장 세련된 것이, 바로 멋진 음식을 직접 요리해주는 것일 게다. 그것도 한식이나 중식보다는 양식으로…… 프랑스 요리를 제외하고는 나머지 유럽 요리들은 생각보다 조리법이 간단하다. 우리에게 익숙하지 않은 식재료들과 오븐 같은 기구를 다뤄야해서 그렇지, 이것들만 해결한다면 정작 요리하는 것은 식은 죽 먹기이다. 게다가 들인 노력에 비해 결과물의 모양이 꽤 그럴싸하고, 아직까지 우리에게 익숙하지 않은 요리들이어서 신비감까지 자아낼 수 있다. 이런 요리를 할 줄 아는 남자라면, 어떤 여자든 한번쯤 호감을 가져보지 않을 수 없을 게다.

요즘 요리하는 사람들을 부쩍 자주 만난다. 물론 와인이나 수입육을 유통하는 사람들도 자주 만나지만, 앞으로 음식장사에 도움이 될 만한 이야기를 귀동냥할 수 있을까 싶어 이들을 만나는 게 더욱 당긴다. 이들을 만난 이후로 요리사들의 세계가 너무도 근사해 보이기 시작했다. 지금 내 나이가 이십대 초반이라면 당장이라도 뛰어들어, 제이미 올리버처럼 잘 나가는 스타요리사가 되고 싶기도 하다. 그러나 이런 단순한 이유로 요리사들의 세계에 관심이 생긴 것은 아니다. 그 세계에 승자독식의 '화끈한' 풍습이 남아있다는 점이 나의 구미를 확 당긴 것이다.

요리사 세계에서 승자가 되는 길은 멀고도 험하다. 우선 돈이 많이 든다. 자격증을 따기 위해 다니는 학원 정도라면 그리 큰돈이 들지 않지만, 개인강습을 받거나 메뉴개발을 위해, 혹은 푸드스타일링을 배우기 위해 유명한 학원에 다니는 것은 의대 학비보다 많은 돈이 들기도 한다. 이게 전부가 아니다. 그 뒤엔 해외유학을 가야하고, 다녀와서도 유명한 요리사 아래서 '시다' 노릇을 단단히 해야 한단다. 이처럼 많은 돈을 들여 요리를 배우고 나서도, 요리사 세계를 제패한 승자 아래서 인맥을 넓히는 과정을 거쳐야만 하는 게 그들의 현실이라고 한다.

분명한 건, 머지않아 우리나라에도 제이미 올리버와 같이 재능 있고 외모까지 출중한 요리사가 나타나리라는 것이다. 과거에는 한 사람이 자신의 분야에서 명성을 쌓으려면 오랜 시간을 들여야 했지만, 요즈음에는 매스미디어에 출연해 일약 스타로 발돋움하는 게 다반사다. 유려한 입담과 재치, 잘생긴 얼굴을 갖추었다면, 약간의 요리 실력으로도 어렵지 않게 정상의 위치에 설 수 있을 것이다. 각종 TV 요리 프로그램이 시청자들로부터 큰 호응을 얻고 있으니, 우리나라에서도 제이미 올리버 같은 스타가 배출되는 건 시간문제다.

(제이미 올리버와 무관한 팁 하나. 앞으로 음식장사의 포인트는 푸드코디 쪽에 집중될 것이라는 이야기를 업계 전문가로부터 들었다. 음식장사를 벌일 계획이라면, 푸드코디에 악센트를 둔 장사를 고려해보라.)

02

우리 가게 속사정

미묘한 그 상태

나는 우리 가게에 새로 종업원이 들어오면 맛있는 스테이크를 대접해 주곤 한다. 구운 상태는 미디엄. 그것도 정통 미디엄으로 구운 것이어서, 우리나라 사람들이 접할 땐 레어에 가깝게 느낄만한 상태이다. 나는 그 옆에 슬그머니 앉아서 그 종업원이 스테이크 먹는 것을 바라본다. 커다란 덩치에 인상까지 쓰고 있는 사장을 옆에 두고, 종업원은 핏물이 줄줄 흐르는 스테이크를 억지로라도 다 먹지 않을 수 없다. 그런데 종업원은 울며 겨자 먹는 심정으로 그것을 먹는 사이에, 핏물이 줄줄 흐르는 미디엄 상태의 고기가 꽤 먹을 만하다는 것을 알게 된다. 웰던보다 훨씬 부드럽고 맛있다는 것을. 그 이후로 종업원은 손님으로부터 미디엄 주문을 잘 받아오기 시작한다. 자기가 먹어보니 웰던보다 미디엄이 더욱 권할만하다는 것을 알게 되었기 때문이다.

알다시피 스테이크는 구운 상태에 따라 레어, 미디엄, 웰던으로 나뉜다. 특히 서양에서와 달리 우리나라에서는 레어, 미디엄 레어, 미디엄, 미디엄 웰던, 웰던으로 좀더 세분화된다. 가끔은 이보다 더 세밀하게 구분된 주문이 들어오기도 한다. 미디엄과 미디엄 웰던 사이로 구워 달라든지, 미디엄 웰던과 웰던 사이로 구워 달라든지 하는 경우다. 심지어 핏기가 전혀 없는 미디엄 웰던으로 구워 달라고 하기도 한다(핏기가 하나도 없는 건 그냥 웰던이라고 하면 되는데……). 정확히 어떤 상태를 요구하는 건지는 모르겠지만 대충 이해가 되는 것 같기도 하고, 이래저래 알쏭달쏭하다. 아무튼 주문은 이런 식으로 받아오지만, 그걸 최대한 반영해서 구워져 나간다고 해서 항상 손님들이 만족한다는 보장은 없다. 좀더 구워 달라며 주방으로 들어오는 고기가 하루에도 몇 개씩 된다. 이렇게 리턴되어 들어오는 횟수가 많아질수록 주방은 위축되고, 무의식적으로 원래 주문받은 상태보다 조금 더 구워 내보내는 방어적 경향이 생긴다. 물론 정상적으로 구운 스테이크를 좋아하는 손님들에게는 민폐가 되는 상황이다.

이처럼 고기 굽는 정도를 조절하는 일은, 우리 가게와 같은 스테이크 전문점에서는 스트레스를 유발하는 주요 원인이다. 홀에서는 손님들의 주문 패턴을 잘 읽어내고, 주방에서는 그에 조응해 알맞게 구워 내야 하는, 미묘한 줄타기와도 같은 작업인 것이다. 며칠 동안 무사하게 잘 해가다가도 한 번 리턴이 생기면 지난 며칠간 쌓아온 자신감이 한순간 무너져버릴 수 있다. 하지만 이 일에 신경 쓰는 게 우리 가게만의 사정이 아님을 확인한 뒤로 그 중압감은 다소 줄어들었다. 언젠가 한 손님으로부터 "진짜 미디엄으로 구워 달라"는 주문을 받았을 때 깨달았다. 손님 눈치를 보며 구워내는 '방어적 미디엄'이 우리 가게에만 있는 게 아님을, 다른 가게에서도 '한국적 미디엄'의 존재 때문에 고민을 하고 있음을 알게 된 것이다.

가게 마감풍경 그리고 실수

월드컵 열기로 온 나라가 들썩이던 2006년 여름에 있었던 일이다. 우리나라와 토고의 경기가 예정되어 있던 저녁, 가게는 9시 이전부터 한산해지기 시작했다. 경기 시작 시간인 10시에 맞춰 손님들이 대부분 일찍 자리를 뜬 것이다. 덕분에 사장인 나를 비롯한 우리 가게 식구들 모두, 일찌감치 귀가해 느긋한 마음으로 경기를 시청할 기대에 부풀었다. 그러던 중 손님 한 팀이 가게에 들어서는 것이었다. 아직은 엄연히 영업시간이고, 경기 시작까지 어느 정도 시간이 남아있었기 때문에 손님을 받았다. 그 손님들은 아주 미안해하면서, 우리 가게 스테이크 맛을 보고자 몇 번이나 들렀으나 그때마다 브레이크 타임이어서 먹지 못했다고 했다. 고맙고도 죄송한 마음에 흔쾌히 주문을 받고, 음식이 나갈 무렵 직원들을 한 명씩 퇴근시키기 시작했다. 10시쯤 식사를 마치고 나가는 손님들로부터 월드컵 응원 수건 한 장을 선물로 받기까지 했다. 예쁜 여자 손님으로부터 선물을 받은 데다, 이내 집에 가서 시청한 축구가 우리나라 팀의 승리로 끝나 더욱 기뻤다. 그러나 이 좋은 기분은 그리 오래 가지 않았다. 다음날 아침 들어선 가게에는 더운 공기가 가득 차 있었다. 전날 그릴, 오븐, 가스레인지 등을 모두 켜둔 채 퇴근했던 것이다. 마리네이드 해둔 고기도 냉장고에 넣지 않은 채로……. 순간 화가 머리끝까지 치밀었지만, 이내 마음을 고쳐먹어야만 했다. 불이 나지 않은 게 천만다행인 상황이었기 때문이다. 재워둔 고기 한 통을 버리고나서 식재료를 가지러 가는 길에도 착잡한 기분이 떠나지 않았다. 월드컵 열기에 들떠 가게 관리를 소홀히 한 나 자신을 책망했고, 자연스레 월드컵에 대한 흥미도 뚝 떨어졌다.

이 사건을 겪은 뒤로, 폐점시간이 다가오면 전에 없던 긴장감이 감돌기 시작했다. 그것을 차치하고라도, 원래부터 있어온 종업원과 나 사이의 보이지 않는 밀고 당김도 꽤나 신경 쓰이는 일이었다. 가게 문을 닫기 전까지 손님을 한 명이라도 더 받으려는 나와, 퇴근시간을 일분이라도 당기고 싶은 직원들 사이에 벌어지는 묘한 '기싸움'이 그것이다. 마감하는 중에 손님이 들어서는 것은 그러려니 하지만, 마감이 거의 끝난 상태에서 손님이 들어설 때는 직원들의 표정이 일그러진다. 사장인 나는 퇴근 채비를 하고 있는 직원들을 다독여 요리를 준비시키고, 요리가 나간 뒤 서둘러 퇴근시킨다. 손님이 식사를 마칠 때까지 혼자 남아 기다렸다가 계산만 하면 되기 때문에 나야 별 상관이 없다.
아무튼 마감이 시작되면 가장 바쁜 곳은 바로 주방이다. 아홉 시가 되면 마감 준비를 시작하는데, 한 사람은 홀에서 걷어 온 그릇들을 설거지하고 다른 사람들은 각종 조리기기와 작업대를 청소한다. 쓰다 남은 일부 식재료는 래핑하거나 밀폐용기에 담아 냉장고에 넣는다. 동시에 홀에서도 청소를 한다. 맨 마지막에는 가스 메인밸브를 잠그고 냉장고를 제외한 주방 쪽 누전차단기를 내린다. 이렇게 주방을 완전히 오프 상태로 만들고 나서야 퇴근할 수 있다. 물론 직원들이 모든 것을 꼼꼼히 챙기고 퇴근하지만, 나 역시 직접 혹은 구두로 확인한 뒤 가게를 나선다. 그러므로 토고전이 있던 날 밤에 저지른 실수는, 직원들의 실수이자 내 실수이기도 했다. 아니, 결국 내 실수였다. 장사의 시작은 열정적으로, 관리는 냉철하게 해야 하는데, 그놈의 축구 때문에 가게 전체가 들떠서 치명적인 실수를 저질렀던 것이다.

돌이켜보면 이런 식의 실수들은 항상 무슨 기념일 아니면 중요한 약속이 있는 날에 발생했다. 사장인 내가 붕 뜬 기분으로 가게를 관리하는 날이면, 직원들도 덩달아 그렇게 일을 하게 되는 것 같다. 이런 실수의 경험은, 장사를 업으로 삼는 나에게는 다른 어떤 사례보다 큰 교훈을 남긴다. 감정의 기복이 전과 다른 날에는 가게의 사소한 일을 더욱 꼼꼼히 챙겨야 한다는 교훈을 주는 것이다.

인력관리의 리더십

리더십은 본래 타고나는 것이라고 생각했던 적이 있다. 카리스마를 타고난 사람이 따로 있어서, 그의 포스에 눌린 뭇사람들이 자연스레 그를 따르게 되는 것이라고 생각했다. 그런 카리스마를 가지지 못했다면, 이를 커버하기 위한 후천적 노력을 기울여야 한다고도 생각했다. 세세한 계획이 담긴 다이어리와 서류철을 항상 끼고 다니고, 아침저녁 회의를 통해 일과 사람들을 매일 관리함으로써 부족한 리더십을 보충하는 식이다. 실제로 이런 꼼꼼한 리더십을 통해 장사를 성공으로 이끈 이도 많다. 하지만 애석하게도, 게으르고 개인적 성향을 타고난 나는, 그저 흉내만 내다가 이내 포기할 수밖에 없었다. 호걸처럼 굴어보기도 하고, 관리형 인간을 흉내 내며 가게를 바쁘게 운영해보기도 했지만, 나와는 영 맞지 않는 스타일임을 깨닫는 데 그쳐야만 했다.

음식점을 하다보면 가장 힘들다고 느끼는 부분이 바로 인력관리이다. 고만고만한 음식점들 틈바구니에서 살아남으려면 음식과 서비스를 항상 최상의 상태로 유지해야만 한다. 인력관리는 이러한 것들과 밀접한 관련을 갖는다.

2005년 말부터 2006년 초반까지, 우리 가게는 인력 부분에서 많은 일을 겪었다. 우선 2005년 12월에 직원들이 싹 물갈이되었다. 우리 가게에서 일한 지 1년쯤 된 직원들부터 신입직원들까지 모두 그만둔 것이다. 음식점 치고는 오랫동안 일해 준 직원들이었는데 그렇게 나가게 되어 아쉬움이 남기도 했다. 한편 2006년 3월에는 큰 규모의 '숙청'이 이루어졌다. 개인적으로 매우 좋지 않은 일이 일어나 가게 관리를 동생에게 맡겨놓았었는데, 2달 만에 가게에 복귀했을 때는 가게 꼴이 엉망이었다. 주인 없이 2달을 보낸 가게는 한마디로 '놀자판'이었다. 처음에는 좋은 말로 주의를 주었지만, 어영부영하는 일이 몸에 밴 직원들은 통 내 말을 듣지 않았다. 이미 그들끼리 똘똘 뭉쳐있어서, 내가 압력을 넣으면 단체로 그만두겠다고 협박할 것임을 알아차릴 수 있었다. 그래서 결단을 내렸다. 성실한 직원 한 명만 남겨두고 다 잘라버렸다. 쿠킨스테이크 이수점에서 인력을 조금 지원받고 나머지 멤버도 새로 뽑아서, 곧 그럴싸한 팀을 구성할 수 있었다.

이 일을 겪은 후 인력관리에 대해서 다시금 곰곰이 생각해보게 되었다. 이전까지 우리 가게에 적용해온 인력관리방식은, 다양한 책에서 언급되는 '우호적인' 방법들을 나름대로 응용해본 것들이었다. 우수한 서비스에 대해서는 금전적인 보상을 해주고, 패밀리레스토랑에서 하는 것처럼 직원 경조사를 챙겨주고, 솔선수범하는 사장의 모습을 보이기도 했다. 이제 와서 드는 생각이지만, 저런 것들을 어찌 다 챙겼는지 스스로 신기할 따름이다. 이제 그 모든 것들은 다 그만뒀다. 대체로 음식점에서 일하는 직원들은 길어야 1년 남짓 근무한다. 그만 두고 잠시 쉬었다가 다른 음식점에 들어가고, 또 그만두었다가 다시 새 음식점에 들어가기를 반복한다. 딱히 가게에 대한 불만이 없어도, 개인적인 문제 혹은 직원 내부의 알력다툼에서 밀려나 그만두게 되는 것이다. 생전 아르바이트를 해본 적 없어서 그런 간단한 사실들을 알아채는 데 시간이 좀 걸렸다는 게 안타까울 따름이다.

값비싼 경험을 치르고 새로 정한 원칙들은 다음과 같다.

- 가게에 애착이 없는 직원들과는 같이 일하지 않는다.
- 불필요한 비용을 발생시키는 직원이나 상황에 대해서는 치사하지만 제재를 가한다.
- 가게 분위기가 마음에 들지 않으면 회의를 빙자해 직원들을 괴롭혀준다.
- 주 1회 정도는 직원들에게 술을 사준다(가장 만만하고도 확실한 인력관리 방법이다).
- 근태가 좋지 못한 직원과는 같이 일하지 않는다.
- 매출이 나쁘면 화를 내고 좋으면 기뻐한다.
- 사소한 일이라도 웬만하면 내가 하는 대신 직원들에게 시킨다.
- 직원들이 토로하는 불만사항에 대해서 숙고하고, 비용상 무리가 없을 경우 해결해준다.
- 나의 인간적인 결함을 감추지 않는다.
- 어떤 일이 있어도 금전적인 보상은 없다.
- 이 모든 원칙들에 대해 이의를 제기한다면, 이렇게 대답한다. "강한 직원으로 키운다."

주방 직원의 조건

내가 생각하는 이상적인 주방 직원의 모습이 있다. 젊고 마르고 단정한 용모에 성격이 밝아야 하고, 집이 가게에서 가까우면 더욱 좋다.

언뜻 보면 굉장히 깐깐한 조건으로 보이겠지만, 사실 이런 직원을 뽑는 건 어렵지 않다. 특히 우리 가게가 있는 동네는 부자들이 사는 곳이 아니라서 그런지, 구인광고를 내면 지원자가 많이 몰려든다. (동네 이야기를 한다고 해서 이상하게 받아들일 건 없다. 어차피 나도 이 동네에서 장사하며 살고 있는 사람이다. 언제든 기회가 된다면 부자 동네가 아닌 평범한 동네에서 살아야 하는 이유에 대해 글을 쓸 생각도 갖고 있다.) 항상 이렇게 몰려든 지원자들 중에서 엄선해 뽑게 되므로, 위 조건에 맞는 주방 직원을 뽑는 건 결코 어렵지 않다. 그리고 많은 주방 직원을 겪어본 터라 좋은 사람을 알아보는 것도 어렵지 않다. 그 모든 조건들을 따지기보다, 실력 있는 직원을 뽑는 게 가장 좋지 않으냐고 반박할 수도 있겠다. 하지만 실력이 탁월하지 않아도 된다. 우리 가게 매뉴얼은 매우 간단해서 금방 배울 수 있기 때문이다. 실력 있지만 별스럽게 튀는 요리사가 들어오면, 괜히 주방 물만 흐려놓고 곧 관두는 일이 생길 수 있다. 이건 어디까지나 우리 가게를 운영하며 축적한 나만의 경험치이므로, 업계 전체로 일반화할 생각은 없다.

앞서 꼽아본 주방 직원의 조건을, 괴팍한 장사꾼의 고집으로 치부한다면 곤란하다. 또한 주방 직원 뽑는 게 간단한 일이라고 말한 것도, 주방 직원이나 요리사를 폄하하려는 의도도 결코 아니다. 실제로 주방에서 일을 하는 건 매우 어려운 일이다. 우리 가게 주방 직원들은 하루 종일 서서 일해야 하고, 무더운 여름에도 하루 중 절반 이상을 불 앞에 서서 고기를 구워야 한다. 체중이 제법 나가는 사람이 이런 주방에서 일하면 허리나 무릎관절에 금방 무리가 올 것이다. 또한 주방 일은 매일 같은 작업을 반복해야 하므로 인내심도 강해야 한다. 나처럼 잘난 체하거나 자기 요리 실력을 대단하게 여기는 직원은, 매일 똑같이 돌아가는 주방 일에 쉽사리 싫증을 내게 된다. 이렇게 되면 머지않아 이런저런 이유로 가게를 그만두려고 할 것이다. 가게가 형편없어 자기 실력을 다 발휘할 수 없다거나, 월급이 적다거나, 동료 직원들의 수준이 떨어진다는 등, 그들이 댈 핑계는 얼마든지 있다. 한동안 일을 한 덕에 통장에 잔고도 좀 있으니 당장 그만두게 되더라도 큰 타격을 받지는 않을 것이라는 계산도 해뒀을 게다. 가게와 집이 가까워야 하는 이유도 추측하기 어렵지 않을 것이다. 집이 가게에서 멀면 근태가 불량해질 수 있다. 젊은 나이에 하루 종일 주방에서 남이 먹을 음식만 만들다보면, 퇴근 이후에는 자유롭게 놀고 싶어지는 게 당연하다. 밤늦게 시작된 술자리가 새벽까지 이어지는 건 다반사고, 자연히 수면부족에 시달리게 된다. 출근까지 늦어지는 건 당연한 일. 이처럼 점차 근태가 불량해지면 주인에게 야단맞고 그만둘 수밖에 없다.

결론적으로, 이 모든 조건들을 아우르는 단어가 있다. 그것은 바로 '충성심'이다. 충성심이라는 말의 어감이 좋지 않다면, '애사심' 정도로 돌려 말할 수도 있다. 직원이 가게와 사장에 대한 충성심을 가지고 있지 않다면, 가게는 물론 직원 자신도 버텨내기 힘들 것이다. 가게 주인과 직원이 바라는 바는 똑같다. 손님을 많이 받아 많은 돈을 버는 것이다. 이를 위해서는 주인과 직원 모두 최상의 재화와 서비스를 만들어내야만 한다. 우리 가게 식으로 이야기하면, 맛있고 저렴한 스테이크를 최상의 서비스로 제공하는 것이다. 그러나 내 가게라는 생각이

들지 않는다면 이를 위한 노력을 기울이지 않을 것이다. 따라서 직원의 충성심이 장사에 큰 영향을 미친다는 것을 아는 주인이라면, 그들의 충성심을 동원해내지 않을 수 없을 것이다.

회의, 뜻을 모으는 자리가 아니다

나는 회의라는 제도의 효용을 그다지 믿지 않는다. 짧은 직장생활을 하는 동안 가장 하기 싫었던 게 회의였고, 학창시절에도 회의에 적극적으로 참여하지 않았다. 사실 중요한 결정을 할 때, 회의는 요식 행위의 기능만을 하는 경우가 많다. 그리고 회의에서 거론되는 오늘의 문제점들은, 이미 예전부터 줄곧 문제점으로 지적되어온 것들이 대부분이다. 회의 자리에서 나온 의견들 중에 그럴 듯한 것들을 뽑아 실행했는데 효과가 신통찮았다면, 그 의견을 내놓았던 구성원은 바보가 된다. 이런 경험이 반복되다보면 대다수 구성원들이 회의 자리에서 의견을 내놓는 걸 꺼리게 되고, 결국 일방적인 지시가 하달되는 식으로 회의가 끝날 수밖에 없다. 이러한 경험이 쌓이다보니, 중요한 결정은 회의와 무관하게 이루어진다는 생각은 어느새 사람들 사이에서 공공연한 비밀이 되어버렸다.

이 음모론을 믿는 나로 인해, 우리 가게에서는 회의가 아주 가끔 열린다. 사실 우리 가게에서 열리는 회의는 사장인 내가 직원들에게 일방적으로 지시하거나 그들의 실수를 질책하는 자리에 가깝다. 당연히 직원들은 회의를 한다고 하면 인상을 쓰고 '쫄아버린다'. 솔직히 직원 몇 명이 전부인 가게에서 회의를 거쳐 결정할 만한 중요 사안이 얼마나 되겠는가. 가게에서 부족하거나 바로잡아야 할 사항들은 나와 직원들 모두 잘 알고 있는 것들이어서 굳이 회의를 통해 시달할 필요까지는 없다. 그러나 가장 기본적인 것들은 아무리 지적해도 지속적으로 지켜지기 쉽지 않다. 우리 가게의 경우, 주방에서 모자 쓰기, 출근시간 준수하기, 주방 청결히 유지하기, 손님을 친절히 대하기 등의 약속들이 종종 지켜지지 않는다. 이러한 것들이 한두 번 맨투맨으로 전달하는 것으로 시정되지 않을 때, 비로소 회의라는 명목으로 직원들을 불러 모아 질책하게 된다. 이런 상황은 우리 가게뿐 아니라 대다수 작은 가게에서 똑같이 벌어지고 있을 것이다.

상황이 이러할진대, 남들 다 한다고 해서 굳이 회의를 해야 할 필요가 있을까? 아무리 다수가 권하는 방법일지라도, 자기 현실에 맞지 않는다면 과감히 포기하는 편이 훨씬 현명한 결정일 것이다. 권위 있는 미디어에서 전문가라는 사람들을 불러놓고 들려주는 이야기들, 형편없는 충고인 경우가 훨씬 많다. 경제학 혹은 경영학을 수십 년씩 판 교수들이 실전에서 돈을 버는 경우는 많지 않다. 미래를 훤히 내다본다고 떠들어대는 점쟁이들이 로또에 당첨되서 큰돈을 벌지 못하고, 개인들의 사소한 길흉화복을 점쳐주며 자잘하니 복채를 받아 돈 버는 것과 마찬가지다. 돈에 대한 충고, 가게 운영에 대한 충고, 주식 운용에 대한 충고 등 우리 주변에는 고개를 끄덕거릴만한 충고들이 쌔고 쌨다. 하지만 그것들을 고스란히 지켜 큰 재미를 봤다는 사람은 많지 않다.

오히려 지극히 개인적이고 편협한 자기만의 규칙으로 성공한 사람들이 눈에 잘 띈다. 아마도 남들 다 따르는 절대다수의 규칙들은 이미 희소가치를 잃어 약발이 들지 않기 때문일 게다. 회의도 마찬가지다. 회의가 중지를 모으는 자리로서의 기능을 잃은 건 이미 오래 전의 일이다. 별 소득도 얻지 못한·채 끝나는 회의라면 차라리 열지 않는 게 낫다. 일반적인 규칙들을 버린 자리에 자기만의 노하우가 적용된 규칙들을 채워 가면, 성공으로 가는 길을 더욱 적극적으로 컨트롤할 수 있을 것이다.

비수기 극복하기

프랜차이즈교육을 함께 받은 원우 가운데 냉면 프랜차이즈회사를 경영하는 분이 있다. 원래 직원 50~60명을 둔 대형횟집을 운영하셨는데, 매출은 많았지만 세금 내고 직원 월급 주고 나면 남는 게 거의 없었다고 한다. 그래서 횟집을 정리하고, 3대째 냉면을 팔고 있는 지인과 함께 2005년 초, 건대입구역 근처에 냉면집을 차렸다. 이 가게를 차리면서 세운 모토가 눈길을 끈다. 작고 강한 가게, 인력을 최소화한 타이트한 구조, 싼 가격으로 서비스해 신용카드보다 현금매출을 극대화하는 가게. 이를 실현시키며 대박을 낸 사장님은, 여기서 번 돈으로 같은 해 두 개의 직영점을 내고, 2006년에는 본격적으로 프랜차이즈 사업을 시작해 규모를 늘리고 있다. 이야기를 나누면서 그 사장님의 고민도 들을 수 있었다. 비수기인 겨울에 매출이 크게 감소한다는 게다. 그래서 냉면 단일메뉴를 포기하고 짬뽕과 자장면을 추가했는데, 그리 만족스러운 결과를 얻지 못했다고 한다. 또 비수기에 직원들이 늘어져버리는 것도 걱정이라고 했다. 여름철과 같은 수의 인력이 움직이는데도 서비스의 질이 떨어진다는 것이다. 매출과 인력관리 양쪽 모두 손해를 보게 되는 비수기는, 장사꾼에게는 정말 골칫거리가 아닐 수 없다.

우리 가게는 여름이 비수기다. 2006년에도 날씨가 더워지면서 매출이 감소하는 추세가 뚜렷이 드러났다. 특히 월드컵이라는 악재(?)가 겹치면서 손해가 더욱 커졌다. 가게 특성상 TV를 들여놓지 않았는데, 이 때문에 우리나라 대표팀의 경기가 있는 날이면 놀라울 정도로 손님이 들지 않았다. 이는 TV를 들여놓는다고 해서 해결될 문제도 아니었다. 누가 스테이크를 먹으면서 축구경기를 시청하겠는가. 그리고 TV를 들여놓으면 가게 이미지에도 문제가 생긴다. 가게마다 시끄럽게 틀어놓은 축구경기를 피해 조용히 데이트를 즐기러 온 손님들에게 피해를 주게 되기 때문이다. 이래저래 딜레마가 아닐 수 없다. 그게 아니라도, 여름에는 더운 날씨 탓에 스테이크보다는 시원한 냉면이나 맥주를 찾을 수밖에 없다. 여름 비수기 극복하기, 골치 아픈 문제다.

비수기에 접어들고 손님이 줄기 시작하면 많은 문제점이 발생한다. 단지 매출이 떨어지는 데 그치지 않고, 가게의 구조가 서서히 무너져 내릴 위험이 다가오는 것이다. 가장 큰 문제는, 앞서 냉면집 사장님의 고민과 똑같은 인력관리에 관한 사항이다. 몇 달 동안 함께 일하며 친해질 대로 친해진 직원들은, 바쁠 때는 완벽한 팀워크를 보이며 가게 운영의 기관차 역할을 한다. 하지만 이 '환상의 팀워크'는 바쁘지 않을 때는 마이너스 요인으로 작용한다. 한가한 시간이 늘어나면서 '죽이 맞아' 놀기 바빠지는 것이다. 이처럼 긴장을 잃고 늘어진 직원들은 여름 한철 장사꾼을 골탕 먹인다. 매출이 평상시 수준으로 회복되려면 적어도 석 달은 지나야 하는데, 그 정도 시간이면 이들이 늘어지는 정도가 걷잡을 수 없게 되어버리는 게다. 이 상태로 비수기를 벗어나면, 일이 바빠지면서 직원들의 불만도 많아진다. 비수기 수준의 긴장감을 가지고 일하는 까닭에 직원들 사이의 호흡도 맞지 않고, 하나둘씩 가게를 그만두고 나가기까지 한다. 이를 막아보고자 주인은 잔소리를 해대지만, 별 효과를 보지는 못한다. 한번 늘어진 직원들은 다시 원래 상태의 긴장감을 회복하기 어렵기 때문이다. 그렇다면 대책은 하나뿐이다. 적절힌 시점에 인력을 줄여 직원들의 긴장도를 높여주는 수밖에 없다. 이처럼 매몰찬 방법을 써야할 정도로, 비수기 극복하는 건 쉽지 않은 일이다.

손님은 물고기 떼처럼

다른 모든 장사에서처럼, 음식장사에서도 손님이 몰리는 시기가 있고 그렇지 않은 시기가 있다. 이 패턴은 시간 단위로 돌아오는 동시에

일별, 주별, 월별로도 돌아온다. 매일매일 적어둔 매출 장부를 들여다보면 자기 가게의 패턴을 어렵지 않게 알아낼 수 있다. 큰 규모의 회사라면 이 패턴을 파악하기 위해 통계학을 전공한 직원을 채용해야겠지만, 우리처럼 작은 가게에서는 별다른 수고 없이도 민감하게 느낄 수 있다.

장사하는 사람 누구든, 물고기 떼처럼 몰려다니는 손님들을 분산시키기 위해 많은 노력을 해봤을 것이다. 나도 마찬가지다. 내가 취하고 있는 손님 분산 전략 중 하나로, 손님을 주 초반에 끌어 모으는 작전을 들 수 있다. 우리 가게에서는 만 원으로 스테이크를 즐길 수 있는 '오늘의 요리' 메뉴를 제공하고 있는데, 주 초반에는 이 메뉴에 안심, 립아이, 티본 등 비싼 부위를 배치한다. 주 초반에 우리 가게를 찾으면 비싼 메뉴를 염가에 즐길 수 있다는 것을 손님들에게 알리는 작전이다.

보통 우리 가게에 손님이 드는 패턴은 다음과 같다. 일단 점심시간에는 주변의 직장인들이 온다. 오는 시간은 정확히 12시에서 1시 사이로, 평일에는 거의 같은 패턴을 보인다. 하루 매출 수준을 좌우하는 본격적인 장사는 저녁시간에 이루어진다. 당연히 저녁에 손님이 드는 모양새에 주목하지 않을 수 없다. 저녁손님이 드는 시간은 6시부터 9시 사이다. 이때 가게에 오는 시간에 따라 어디서 온 손님인지 대략 알 수 있다. 초저녁에 가게에 들어오는 손님은 가게로부터 멀지 않은 곳에서 오는 손님이다. 반면 7시 30분 이후에 드는 손님은 먼 곳에서 일부러 찾아온 손님들이다. 이 두 부류의 손님들이 적절히 맞물려 저녁시간대를 채워주면 그날은 장사가 잘 되는 날이다. 동네 손님은 6시에서 7시 30분 사이에 적절히 찾아주고, 먼 데서 온 손님들이 그 이후 시간을 채워주면 더 바랄 게 없다. 이 하모니가 흐트러져 한쪽 시간대에만 손님이 집중되면 그날은 그저 '선방'하는 날이다. 물론 양쪽 다 망가지는 날에는 우울한 기분으로 장사를 마무리해야 한다.

이처럼 손님이 가게에 드는 패턴의 변동에 따라 장사꾼은 심한 감정 변화를 겪을 수밖에 없다. 뿐만 아니라 이 패턴이 정상 수준을 벗어나면 하루 영업에도 지장을 받는다. 저녁 초반에 손님이 몰리면 이후에도 이 추세가 이어지리라 예상하고 음식 준비를 넉넉히 하게 된다. 그러다가 예상 외로 손님이 들지 않으면 재료를 버리게 될뿐더러 장사하는 맥도 풀려버린다. 반면 초반부터 손님이 통 들지 않으면 풀이 죽어 장사를 하게 되는데, 그러다가도 갑자기 손님이 들기 시작하면 끝날 때까지 정신없이 장사하게 된다. 초반에 손님이 들지 않아 조금 아쉽다고 중얼거리지만, 마음속으로는 안도의 숨을 내쉰다. 이처럼 손님이 드는 패턴이 안정적이지 않으면 그 이유를 분석하기 위해 이리저리 머리를 굴려보게 된다. 그 분석이 타당한 것인지는 검증하기 어렵지만, 나름대로 장사를 잘 해보려고 노력한다는 생각이 들어 스스로 위무할 수 있기 때문이다. 아무튼 저녁 내내 손님이 밀려들면 몸은 피곤하지만, 속으로는 뿌듯하다. 늘 이런 식으로 손님들이 찾아주었으면 하는 마음이다.

가게에는 손님만 들어오는 것이 아니다

어처구니없게도, 인류는 자신들이 지구의 모든 것 위에 군림하고 있다는 착각에 빠져있다. 프랑스 작가 베르나르 베르베르에 따르면, 개미들도 그런 식으로 착각하고 있다고 한다. 어쩌면 물고기들도 그런 착각 속에 빠져 살아갈 지도 모른다. 하지만, 모두 틀렸다. 지구를 점령한 것은 동물이 아니라 식물이다. 식물은 태초부터 지구상에 존재했고, 오랜 진화를 거쳐 '꽃'이라는 궁극의 결정체를 제 몸에 만들어냄으로써, 비로소 동물들을 제 영향력 아래 두게 되었다. 동물은 식물의 열매를 획득하면서 자신이 그것을 강탈한다고 생각하지만, 사실 그 열매는 식물이 동물에게 슬그머니 일을 시키면서 치르는 대가에 불과하다. 열매를 먹은 동물은 배설 과정에서 열매에 든 씨를 땅에 내놓는데, 이는 결국 식물의 번식을 돕는 일이 된다. 결과적으로, 동물은 식물의 번식과정에 활용되는 도구에 불과한 것이다.

인간이 꽃을 좋아하게 된 것도 이와 비슷한 이유에서 비롯된 것이다. 인간은 자기가 꽃을 좋아하는 것을 미를 추구하는 고매한 취향으로 여기지만, 이는 완전한 착각이다. 꽃이 많이 피면 열매도 많이 맺는다는 인류 조상들의 경험이 꽃에 대한 선호를 자아냈다고 보면 된다. 한마디로 '꽃의 아름다움'은 '먹을 것에 대한 본능'으로부터 비롯된 것이다. 앞서 말했듯 꽃은 식물이 진화를 통해 구축한 궁극의 결정체다. 식물의 몸에 꽃이 생겨난 이후, 수많은 곤충은 식물의 퀵서비스 역할을 해왔다. 한편 인간은 꽃이 진 자리에서 열매가 맺기를 목 빠지게 기다리게 됐고, 이 기다림은 곧 맹목적인 것으로 변하여, 꽃에 대한 이유 없는 애정으로까지 번졌다. 이로써 꽃은 장식과 선물이라는 효용을 지니게 되었고, 그 수요가 느는 것에 부응해 인간은 꽃을 대량으로 재배하기 시작했다. 식물이 생장하는 데 적합한 환경을 만들어주고, 그들이 잘 자랄 수 있도록 갖은 애정을 쏟는 덕에, 식물들은 안전하게 종족을 번식시킬 수 있게 되었다. 먹을 것에 집착하는 단순한 동물들 덕에, 식물은 열매를 통한 번식에 이어 꽃을 통한 번식에까지 성공한 셈이다.

식물은 이처럼 꽃을 피우고 열매를 매닮으로써, 온갖 곤충과 동물과 인간의 관심을 한 몸에 받았다. 그 결과 번식이라는 이득을 취할 수 있었지만, 한편으로는 제 몸을 꺾이고 짓밟히는 등 자잘한 피해도 보게 되었다. 번식에 도움을 주지 못하는 해충들이 날아와 괴롭히기도 한다.

우리가 하는 장사도 마찬가지다. 대로변에 가게를 차리고 장사를 하다보면 손님만 드나드는 게 아니라는 사실을 알게 된다. 가게 매출에 아무런 도움을 주지 않는 불청객들이 수시로 찾아오는 것이다. 이런 불청객들을 꼽아보면 다음과 같다.

1. 잡상인

자동차 구입, 보험 가입, 신문 구독 등을 권하는 영업사원들부터 시작해, 대걸레 등 생활용품 파는 사람, 과자 사달라는 아르바이트 학생에 이르기까지 다양한 부류가 있다. 심지어는 포르노테이프 파는 사람도 드나든다(가게 주인 옆에 부인이 있을 때는 망원경 따위를 사라고 권하기도 한다). 단호히 거절하면 대부분 순순히 물러나지만, 간혹 끝까지 물고 늘어지는 사람도 있다. 이럴 때는 "어떤 걸 드시겠어요?"라고 묻는 식으로 역공세에 들어가야 한다. 가게는 남이 파는 물건을 사주는 곳이 아니라, 내 물건을 파는 곳임을 명심해야 한다.

2. 불우이웃

장사하다 보면 우리 주변에 '불우이웃'이 참 많다는 것을 알게 된다. 조잡한 물건을 들고 와 불우이웃을 돕는 데 쓴다며 강매하는 사람들도 있고, 스님들이나 도를 닦는 사람들도 부지런히 시주를 받아간다. 이따금 노인정에서 나왔다는 할머니 할아버지들도 가게에 들어온다. 꽃 달린 고깔을 쓰고 꽹과리를 치며 들어오는 이분들은 끈덕지기가 이루 말할 수 없다.

처음에는 이런 사람들에게 천 원짜리 한 장씩을 쥐어주었다. 하지만 하루에 열 번도 넘게 들어오는 이들에게 천 원짜리를 주다보니 아쉬운 생각이 점점 커졌다. 그래서 오백 원짜리 동전으로 바꾸었는데, 얼마 지나지 않아 백 원짜리 네 개를 주는 게 더 생색난다는 것을 알게 되었다. 동전 한 닢조차 아쉬운 상황이 아니라면, 적당히 쥐어주고 보내는 게 마음 편할 것이다.

3. 사기꾼

가게를 전전하며 사기 치는 인간들이 너무나 많다. 이들은 주로 단골을 사칭해 가게주인을 흔들리게 하는 작전을 쓴다. 가게 바로 앞에서 친구를 만날 거니 물건을 먼저 달라고 하고는 물건 값도 치르지 않고 내빼는 인간도 있고, 뒷집이나 옆 건물 교회에서 왔다고 하면서 외상을 요구하는 인간도 있다. 물론 이웃이란 말은 거짓말이고, 물건 값을 치르러 오지도 않는다. 세무공무원이나 환경미화원을 사칭하는 경우도 있다. 이들은 협박조로 나오며 떡값을 요구는 게 보통이다. 수표를 낼 거라며 거스름돈을 미리 받은 뒤, 깜빡하고 수표를 집에 두고 왔다면서 물건 먼저 포장해 두라는 경우도 있다. 수표를 가지러 집에 간 손님은 영원히 돌아오지 않는다. 이런 거짓말에 속아 넘어갈 사람이 어디 있냐고 따질지도 모르겠다. 하지만 이들의 연기는 너무도 리얼해서 웬만한 사람은 속지 않을 재간이 없다. 노련한 장사꾼에게는 어림없는 농간질이지만, 가게 주인의 부인이나 직원들만 있을 때는 종종 이런 사기를 당하곤 한다. 돈 몇 푼 떼이는 것보다, 그런 사기에 어리석게도 말려들었다는 더러운 기분에 더욱 속이 쓰려진다. 먹고 사는 방법도 참 가지가지다.

대청소가 필요한 이유

우리 가게의 홀은 서빙 직원이 영업 개시 전 2시간 동안 청소한다. 그리 넓지 않은 공간을 긴 시간에 걸쳐 꼼꼼히 청소하다보니 홀은 항상 깨끗한 편이다. 주방도 매일 청소를 하지만, 손이 잘 닿지 않는 부분이 곳곳에 있어 지저분해지기 쉽다. 장사가 잘 되다보니 주방에서는 음식 내보내기에 급급한 게 현실이다. 그러던 어느 날, 유난히 손님이 들지 않는 날이 있었다. 점심시간대와 저녁시간대 내내 손님이 들지 않아 하루 종일 멍하니 있었다. 주방에 쭈그려 앉아 먼 산을 보던 중, 문득 주방의 지저분한 곳이 눈에 들어왔다. 이와 동시에, 어차피 하루 장사 공치고 있으니 청소라도 하자는 생각이 머리를 스쳤다. 놀고 있는 직원들을 주방으로 불러 모아 대대적인 청소를 시작했다. 마음먹고 청소를 하니 손댈 곳이 너무나 많았다. 구석구석 쌓인 이물질과 먼지를 제거하느라 많은 시간이 걸렸지만, 청소를 마친 후 주방은 확연히 달라져 있었다. 매일 주방을 이렇게 청소할 수 있다면 좋겠지만, 바쁜 주방 사정은 이를 허락하지 않는다. 정기적인 대청소는 그래서 필요한 것이다.

이 대청소를 계기로 주방 직원 각각에게 세부적인 책임 청소구역을 할당했다. 이 자리에서 나는 냉장고 청소와 정리를 맡기로 했다. 냉장고를 깔끔하게 관리하는 건 어려운 일은 아니다. 다만 귀찮을 뿐이다. 우리 가게에는 냉장고 세 개와 냉동테이블 한 개가 있는데, 여러 사람이 수시로 재료를 꺼내고 넣고 하다보면 뒤죽박죽이 되어버리기 일쑤다. 또 오랫동안 사용하지 않아서 버려야 하는 재료들도 생긴다. 이를 막기 위해 밀폐용기를 잔뜩 준비해 써왔지만, 어느새 밀폐용기가 동이 나고 검정 비닐봉지가 출현해 있었다. 두고 볼 수 없는 일이었다. 새로 밀폐용기를 준비해서 손질한 채소와 고기를 모두 담았고, 직원들에게 어떤 경우에도 검정 비닐봉지를 쓰지 말 것을 주지시켰다. 그리고 냉장고 내부를 정리한 표를 만들어 붙였다. 항상 같은 자리에 재료가 들어가 있으면 원하는 재료를 찾기 위해 뒤적거릴 필요도 없고, 채워 넣어야 할 재료를 쉽게 파악할 수도 있어서 여러모로 편리해지겠다는 생각에서 시도한 일이다.

다음은 내 나름대로 정리해 본 냉장고 활용에 관한 팁이다.

1. 음식재료는 모두 밀폐용기에 넣어서 보관한다. 불가피한 경우에는 투명한 비닐봉지를 사용한다.
2. 냉장 보관할 필요가 없는 채소는 냉장고에 넣지 않는다. 냉장 보관할 필요 없는 채소를 알고 싶으면 채소 가게를 눈여겨보면 된다. 내 경험으로 미루어 보면, 당근, 감자, 양파 등은 사용량이 많아 빨리 소모할 수 있으므로 냉장고에 넣지 않아도 된다. 또한 박스 채 구매하기 때문에 냉장고에 넣을 수도 없다.
3. 냉장고 정리는 가게 문 닫기 전, 주인이 직접 한다. 귀찮은 일이긴 하지만, 식재료 보관 및 확보 상태를 직접 점검할 수 있는 장점이 있다.
4. 냉장고 내부 정리표를 작성해 냉장고 겉에 붙여둔다.
5. 최소한 한 달에 한 번 냉장고 가동을 중단시켜 얼음과 서리를 녹여준다. 이렇게 하면 냉장고 성능이 월등히 좋아진다. 영업용 냉장고에 특히 필요한 작업이다.

도제식 교육, 쿠킨스테이크 프랜차이즈만의 경쟁력

프랜차이즈업체 운영에서 가장 중요한 요소로 매뉴얼 활용을 꼽는다. 실제로 매뉴얼이 있어야 각지에 퍼진 수많은 체인점의 통일성을 유지할 수 있다. 세계적인 패스트푸드 체인이나 패밀리레스토랑 체인들은 물론, 각종 언론, 프랜차이즈 관련 강좌에서도 매뉴얼의 중요성을 강조한다. 굳이 이런 예를 들지 않아도, 매뉴얼의 중요성은 이론의 여지가 없음이 분명하다. 하지만 매뉴얼의 효능에도 한계는 있다. 보통 매뉴얼은 문자텍스트로 작성되어 있어서, 그것이 지시하는 완벽한 형태를 재현하는 데 어려움이 따른다. 이를 보완하기 위해 최근에는 매뉴얼을 동영상 시디로 제작하기도 하지만, 이렇게 해도 문제가 완벽히 해결되지는 않는다.

매뉴얼이 지닌 이런 한계 때문에, 나는 조금 다른 접근을 시도하고 있다. 현재 쿠킨스테이크도 프랜차이즈 형태로 운영하고 있는데, 목표로 정한 체인점 수는 스무 개다. 수백 수천 개 점포를 거느리는 일반적인 프랜차이즈업체에 비하면 턱없이 작은 규모다. 나는 효과가 떨어지는 매뉴얼을 구축하는 대신, 이 작은 규모를 적극 활용할 수 있는 방법을 찾았다. 그것은 바로 '도제식 교육'이다. 체인점을 개설하는 사장님들에게 한 달 동안 직접 전수하는 방식으로 교육시켜주고, 동시에 주방장을 파견해 준다. 교육받는 분이 원하는 경우 기간을 연장하기도 한다. 교육 내용은 기본적인 사항들이 주를 이룬다. 그보다 좋은 방법이 있으면 그 형태로 변형하기도 하고, 우리가 그것을 배우기도 한다.

이처럼 즉각적인 피드백이 가능한 게 직접 전수의 장점이다. 매뉴얼에 의존하는 방식으로 쿠킨스테이크의 경영과 음식 조리법을 전달했다면, 이런 유연한 자세를 취하기 어려웠을 것이다. 매뉴얼의 편리함을 포기하는 대신, 품이 많이 드는 도제식 교육을 통해 우리만의 경쟁력을 확보한 것이다. 실제로 쿠킨스테이크의 메뉴는 조금씩 변화하고 있다. 내가 요리개인강습으로 배운 것들을 보라매점에서 시범적으로 적용하고 있고, 고객들의 반응에 따라 다른 체인점들에 전수하기도 한다. 이렇게 품이 많이 드는 체인점 관리를 내 힘으로 충분히 커버할 수 있어야 하기에, 체인점 수 스무 개를 넘기려 하지 않는 것이다.

재미있는 건, 우리의 교육은 유상으로 제공된다는 것이다. 아까운 마음을 불러일으키려는 속셈이다. 사장님들은 교육비를 내면서도 혹독한 육체노동을 해야만 한다. 보통 이수점에서 진행되는 교육은 청소, 설거지 등 온갖 허드렛일로부터 시작된다. 아침 일찍 시장에 가서 채소를 사와야 하고, 오전 10시부터 오후 10시까지 12시간 동안 홀과 주방에서 각종 육체노동을 해야 한다. 홀에서 서빙도 한다. 매일 파김치가 되는 이 생활에 익숙해질 즈음에야 비로소 요리 세팅, 고기 굽기 등을 배울 수 있다. 이렇게 고된 과정을 거치게 하는 데는 당연히 이유가 있다. 음식 장사하는 사람은 일반적인 사무원들과는 전혀 다른 업무를 해야 하는 게 현실이다. 음식점 주인은 틈틈이 홀과 주방을 오가며 육체적인 일을 하면서도, 가게 운영 전반을 완벽히 돌볼 수 있어야 한다. 주방일은 주방장이, 홀 서빙은 웨이터가 하면 된다는 안일한 생각을 가진 사람은 음식 장사할 자격이 없다. 손님이 넘쳐 홀이 정신없이 돌아갈 때는 능숙하게 교통정리를 해야 하고, 주방장이 '곤조'를 부릴 때는 직접 소매를 걷어붙이고 요리를 만들어야 하는 게 음식점 주인의 일이다. 카운터에 앉아 계산이나 하고, 가게 일을 직원들에게 일임한 채 자기는 우아하게 커피나 마시겠다고 생각하는 사람을 쿠킨 스테이크 체인점 사장으로 모실 생각은 없다.

장사의 계절

날씨가 쌀쌀해지면 장사를 제대로 해봐야겠다는 생각이 부쩍 든다. 아침 일찍 일어나 차가운 새벽공기를 마시기 때문일까? 맑아진 마음으로 가게에 들어서며 그날의 계획을 정리하고 일을 시작하게 된다. 이런 시기에는 일하는 것도 당기지만, 솔직히 여기저기 기웃거리며 문화를 즐기는 게 더욱 재미있다. 재즈바에서 라이브 재즈를 즐기며 와인을 마셔도 좋고, 붉게 단풍든 곳을 찾아 산행을 떠나는 것도 좋다. 하지만 장사꾼이 가게를 돌보지 않고 이렇게 놀러나 다니다보면, 가게에 드는 손님 숫자는 늦가을 낙엽처럼 우수수 떨어질 게다. 이럴 때일수록 허술해지는 나를 단속해야 한다. "겨울이 다가온다. 지금은 장사를 할 때다."

여름에 새로운 일을 하나 해치웠어야 하는데, 불행히도 일이 꼬이고 꼬여서 시도조차 하지 못했다. 다시금 채비를 해 새로 시도해볼 수도 있겠지만, 내년을 기약하는 게 더 좋겠다는 판단이 섰다. 불가능한 일을 붙들고 늘어지는 것보다는, 일단 접어두고 때를 기다리는 게 나은 경우가 많기 때문이다. 이런 이유로, 2006년 선보이려던 제2브랜드 사업은 잠시 접어두고, 대신 거기 포함되어 있던 메뉴를 달마다 선보이는 것으로 방향을 바꿨다. 이런 점진적인 시도를 통해 쿠킨스테이크의 이미지를 변화해가기로 한 것이다. 최종적으로는, 지금까지 스테이크 단일 메뉴를 고집하며 지켜온 전문점 이미지에서, 다양한 메뉴를 즐길 수 있는 패밀리레스토랑 쪽으로 옮겨갈 생각이다.

요즈음 하루에 한 번 꼴로 체인점 개설 문의전화가 들어온다. 특히 지방 도시에 계신 분들로부터 걸려오는 문의 전화가 많다. 이분들의 경우 대부분 50평 이상의 큰 점포를 거론하는데, 아마도 수도권에 비해 싼 임대료 때문일 게다. 나도 지방 쪽 체인점들은 가능한 한 큰 규모로 차려야 한다고 생각하고 있다. 지방에서는 많은 숫자의 체인점을 관리하는 것보다, 알짜배기 매장 몇 개를 집중적으로 관리하는 게 훨씬 편리하기 때문이다. 하지만 스테이크 단일 종목으로 큰 매장을 운영하는 것은 쉽지 않다. 다양한 메뉴를 다루는 패밀리레스토랑으로 전환하려는 계획은 이런 취지에서 나왔다. 이를 위해 그동안 개인요리교습을 받고, 새로운 메뉴도 개발해온 것이다.

이 계획은 우선 우리 가게(보라매점)에서 실시된다. 다른 체인점들에까지 이 방식을 적용하려면 많은 준비가 필요하기 때문이다. 여러 가지 메뉴들을 반가공 상태로 만들어 비닐포장해서 체인점마다 보내야 하고, 각 메뉴에 쓰이는 소스도 대량으로 제작 발주해야 한다. 이런 시스템이 확보된 뒤에야 패밀리레스토랑 프랜차이즈로의 전환이 가능해진다. 가공공장을 직접 운영할 수도 없다. 많은 시간과 노력을 투입해야 하는 이런 일들은 아웃소싱을 통해 해결할 계획이다. 이런 식으로 차근차근 각 단계를 밟아서 준비해나가면, 지금의 쿠킨스테이크를 몇 년 이내에 국내 유수의 브랜드로 바꿔놓을 수 있을 것이다.

장 보는 귀찮음을 극복하라

우리 가게에서 쓰는 모든 식재료는 내가 직접 구매한다. 고기나 캔 제품은 메이커와 등급만 잘 확인하면 가격과 품질을 무리 없이 맞출 수 있다. 고기는 수입업체 몇 곳의 가격을 비교한 뒤 톤 단위로 구매하기 때문에 항상 저렴하게 사고 있다. 나머지 식재료는 시장이나 할인마트, 도매가게 등에서 구매한다. 처음에는 식재료 사는 일에 재미를 느끼지만, 나중에는 거의 매일 해야 하는 이 일이 귀찮고 짜증스러워지기까지 한다. 이 고비를 넘기지 못하면 식재료 구매를 도매상에게 맡기게 된다.

도매상에게 재료 구매를 맡겨도 처음에는 가격과 품질이 직접 구매하는 것과 별 차이가 없는 것처럼 보인다. 재료 구매에 드는 시간이나 차량 유지비 등을 고려하면 오히려 이익이라는 계산이 나오기도 한다. 하지만 얼마 지나지 않아 이런 계산이 잘못된 것임을 알게 된다. 우선 재료 가격을 파악할 수 없어 납품받는 가격이 적절한 수준인지 알 수 없다. 가게 주인이 직접 재료를 구매하면 시장에서 형성되고 있는 재료 가격을 알 수 있겠지만, 도매상에게 맡긴다면 그들이 전해주는 이야기에 의존할 수밖에 없다. 이 경우 어느 정도 손해를 감수해야 한다. 대개 도매상들은 가격이 오를 때는 납품가를 큰 폭으로 올렸다가 가격이 떨어질 때는 서서히 낮춘다. 도매상이 이 차익으로 돈을 벌 때, 가게 주인은 손해를 보는 것이다. 제품 품질에도 변화가 생긴다. 도매상들이 납품하는 물건들을 받다보면 서서히 저가 브랜드나 제품으로 바뀌는 것을 발견할 수 있다. 그들은 원래 납품하던 제품이 원활히 공급되지 못하고 있다거나, 가격이 크게 올라서 제 가격에 납품하기 어렵다는 이유를 댄다. 하지만 진짜 이유는 당연히 그들의 수익향상에 있다. 문제는, 이런 손해가 발생한다고 해서 분노하거나 짜증낼 수만은 없다는 게다. 도매업체로서는 자신의 수익향상을 위해 납품과정에서 차익을 만들어내는 게 당연한 일이기 때문이다. 가게 주인이 물건을 직접 구매해야 하는 이유가 여기에 있다. 싸고 질 좋은 제품을 구매하려면, 도매상의 납품에 의존하지 말고 직접 발로 뛰어야만 한다.

사족 같지만, 식재료 구매의 귀찮음을 극복하는 나만의 비법을 공개하겠다. 대부분 먹는 것에서 즐거움을 찾는 식이다. 채소를 사러 사당시장에 갈 때는 떡집에 들러 절편 1천 원어치를 사먹고, 코스트코에서는 만족스러운 맛과 양을 자랑하는 치킨베이크를 사먹는다. 소량의 고기를 사야할 때는 마장동에 가는데, 여기서 순대와 미니족발을 사두면 그날 밤 즐거운 시간을 보낼 수 있다. 청량리도매시장에 갈 때는 평소

사고 싶었던 향신료나 구하기 어려운 음식재료를 몇 개 산다. 요리하
는 것을 좋아하는 나로서는 즐거운 일이다. 이처럼 곳곳에 재밋거리를
하나씩 만들어둔 덕에, 몇 년이 지나도록 직접 재료를 사러 다니는 일
을 포기하지 않을 수 있었다.

스테이크 장사 3년의 벗, 요리와 와인 이야기

남자는 여자보다 **요리를 잘 한다**

남자의 요리

가게를 열고 얼마동안은 직원들과 점심을 배달시켜 먹었다. 하지만 음식점에서 음식을 직접 만들어 먹는 게 당연하다는 생각이 들어 곧 그것을 그만두었다(사실 비용 절감을 꾀한 측면도 있다). 처음 일 년 동안은 내가 식사준비를 담당했다. 재미있는 것은, 우리 가게는 쇠고기를 파는 곳인데도 정작 나와 직원들은 돼지고기를 즐겨 먹었다는 것이다. 이렇다 보니 내가 가장 잘하는 요리도 돼지고기를 이용한 것들이다. 제육볶음이나 돼지고기 김치찌개 같은 흔한 음식은 물론 보쌈, 허브삼겹살 구이, 돼지갈비 오븐구이 같은 음식들도 만들어 먹었다. 직원들의 반응이 좋았던 것은 물론, 내가 생각하기에도 썩 훌륭한 요리솜씨가 아니었나 싶다.

요리하는 것을 즐기는 남자 입장에서 보기에, 남자는 여자보다 요리를 잘한다. 실제로 유명한 요리사의 대다수가 남자들이다. 남자가 여자보다 요리사에 적격인 까닭은, 같은 일을 무한 반복할 수 있는 단순함과 튼튼한 체력을 지녔기 때문인 것 같다. 그리고 무엇보다도 중요한 것은 요리에 각종 양념을 아낌없이 넣을 수 있는 용기를 가졌다는 것이다. 매운 맛을 내는 고추든, 강렬한 향을 내는 향신료든, 혹은 사람 몸에 좋지 않다고 하는 인공조미료든, 음식에 양념을 많이 넣으면 당연히 음식이 맛있어진다. 건강에 좋지 않다고 따질 수 있지만, 맛있는 음식을 먹을 수만 있다면 그런 위험쯤은 감수할 수도 있다는 생각이 드는 게 사실이다.

이렇게 쓰긴 했지만, 사실은 나도 요즘 아침마다 과일과 생식을 챙겨먹고 칡즙도 마시고 있다. 음식으로써 건강을 지키는 것이 워낙 유행하는지라 나도 알게 모르게 영향 받은 것이다. 하지만 이 정도는 아무 것도 아니다. 유기농 채소, 최고등급의 육류, 천연감미료, 외국산 올리브유, 포도씨유, 기능성 소금, 식초, 설탕, 간장 등 많은 식재료들이 웰빙족의 구매욕을 자극하고 있다. 문제는, 이런 추세를 따르려고 애쓰다 보면 오히려 그것으로부터 스트레스를 받을 수 있다는 것이다. 그저 시장에서 파는 신선한 채소를 쓰고, 어떤 사람들은 끔찍하게 경멸하는 맛소금 등 조미료도 마음 편히 음식에 넣는 게 정신 건강에 좋을 수 있다. 남자의 요리가 바로 이런 식이다. 재료 준비에 큰 신경을 쓰지 않으면서도 좋은 맛을 내는 요리. 그 맛을 한껏 즐기기만 하면,

그게 곧 웰빙이라고 할 수 있다.

아무리 건강한 식단을 준비해도, 담배와 술을 즐기고 운동은 하지 않는 등 생활습관을 바로잡지 않는다면, 비싼 식재료를 사는 보람이 없다. 내가 생각하기에 음식으로 건강을 지키는 방법은, 적당한 양을 규칙적으로 먹는 것 정도면 충분하지 않을까 싶다.

요리에 대한 단상

일본 작가의 요리만화를 보면 금세 그 내용에 빠져들게 된다. 만화에 나오는 요리 대부분이 우리가 흔히 접할 수 없는 것들이다. 귀한 식재료를 써서 복잡한 조리법으로 만들어낸 만화 속 요리들을 보면, 감히 흉내내볼 엄두조차 나지 않는다. 주인공이 맞닥뜨리는 상대도 스포츠 만화에서처럼 갈수록 강해져서, 읽는 내내 팽팽한 긴장감을 느끼게 된다. 하지만 주인공이 최후의 대결에서 만들어내는 요리는 결코 귀한 재료와 고난도의 기술로 만들어지지 않는다. 어머니가 만들어주는 음식처럼, 평범하고 투박한 재료로 만든 요리로 상대를 이기는 것이다. 수많은 대결을 거쳐 최후의 승자로 자리매김하는 주인공의 요리가 그저 평범한 것에 불과하다는 게 조금 어이없긴 하지만, 일견 머리가 끄덕여지기도 한다. 나 역시 가장 맛있게 먹은 요리는 어머니께서 해주신 음식이기 때문이다.

어렸을 때부터 길들여져 내 미각의 기준이 되어버린 탓도 있겠지만,

내가 느끼기에 우리 어머니의 음식 솜씨는 정말 일품이다. 시골에서 직접 사온 재료들로 고추장, 된장, 간장 등 기본 장류들을 담그고, 반찬은 옥상에 있는 10평짜리 텃밭에서 기른 채소들로 만든다. 요즘 유행하는 '베이비 채소'들의 원조로 봐도 무방할 것이고, 건강음식으로 각광받고 있는 사찰음식과도 다를 게 없다(얼마 전 내소사에 갔을 때 절밥을 먹었는데, 어머니가 해주신 음식과 거의 똑같아서 혼자 웃었던 기억이 있다). 어머니께서 자랑하는 또다른 재주는 바로 술을 빚는 것이다. 내가 어렸을 때부터 어머니께서는 아버지가 드실 술을 빚곤 했는데, 그 맛이 대단히 좋다. 부모님이 살고 계시는 사당동에 술 빚는 법을 배우는 제자가 있을 정도이다. 어머니께서는 어릴 적 배운 주조법 그대로 술을 만드시다가, TV에 나온 외국술 담는 법을 보고는 그것을 응용해서 퓨전술까지 만들어내셨다. 나이 드셨음에도 불구하고 유연한 자세로 새로운 기술을 받아들이는 어머니를 보고 놀라지 않을 수 없었다.

이런 유연함은 낯선 재료를 대하는 상황에서도 드러난다. 언제인가 어머니와 함께 집 근처 할인매장에 들른 적이 있는데, 어머니는 여기서 술안주로 쓸 생선을 고르셨다. 그런데 수산물코너는 그냥 지나치고 냉동코너를 향하는 것이다. 거기서 랍스터를 집어 드는 어머니를 보고, 나는 그게 무언지 아시냐고 여쭤봤다. 어머니의 대답이 압권이었다. 외국산 게 아니냐며, 전부터 사보고 싶었다는 것이었다. 그러고는 밖에서 사먹으면 비싸니 집에서 해먹겠는 게 좋지 않느냐고 하시며, 꽃게처럼 간단히 쪄 먹으면 될 것이라고 말씀하셨다. 난 무릎을 칠 수밖에 없었다. 꽃게와 다를 바 없는 갑각류이니, 우리가 평소에 쓰는 간단한 조리법을 활용하면 집에서도 문제없이 먹을 수 있는 게 아닌가. 그걸 보고 알았다. 요리는 결코 어렵게 만드는 게 전부가 아니라는 것을…….

이런 어머니를 둔 덕분일까? 나 역시 요리를 무척 간단하게 하는 편이다. 재료가 좋으면 별다른 기술 없이도 썩 괜찮은 요리를 만들 수 있다는 게 내 생각이다. 실제로 요리를 좀 해본 결과, 좋은 재료에 손을 많이 대면 오히려 재료의 본질이 흐려진다는 것을 알게 됐다. 하지만 잘나가는 음식점의 요리사를 만나 그들만의 비법을 물으면, 많은 수가 비밀이라며 쉽게 알려주지 않는다. 자기가 그것을 터득하는 데 얼마나 많은 노력을 쏟았는데 쉽게 공개하겠느냐는 것이다. 맞는 말이긴 하다. 하지만 딱히 비법이 있지 않을 것 같아 보이는 경우도 있다. 이럴 땐 다음과 같이 쉽게 생각해버린다. '마지막에 미원 넣는 게 비법인가 보군.'

음식이 지닌 최고의 가치는, 사람들이 부담 없이 맛있게 즐기는 데 있다. 그러나 국내에 처음 소개되는 외국 요리들은 무조건 고급 요리로 포장되는 경향이 있다. 양은 적게, 가격은 비싸게, 가게 인테리어는 화려하게……. 이게 일반적인 공식이다. 외국 요리책에 나오는 레서피를 응용 없이 그대로 재현해서 내놓으면서 가격은 무조건 비싸게 받는다니, 그 대단한 용기에 박수를 보내고 싶을 정도이다. 물론 고급음식점을 모두 부정하는 건 아니다. 최고의 재료와 노하우를 바탕으로 요리를 만드는 음식점들도 많으나, 이따금 함량 미달의 고급음식점들이 발견되는 게 현실이다. 너무 낡은 생각일지 모르겠으나, 웬만하면 음식은 싸고 푸짐하게 제공되어야 한다는 게 내 솔직한 생각이다.

소와 돼지

대대로 우리나라에서 소는 매우 귀한 짐승이었다. 가난했던 우리 조상들에게, 아마도 소는 그들이 가진 재산 중 가장 비싸고 귀한 재산이었을 것이다. 소는 농사를 지을 때는 인간과 비교할 수 없이 막강한 노동력을 제공하고, 주로 먹는 것도 풀이어서 식량 문제에서 인간과 경쟁관계에 있지도 않다. 죽을 때는 머리, 꼬리, 내장, 살, 가죽, 피 등 온몸을 인간에게 식재료로 내어준다. 심지어 배설물은 비료와 건축 재료로 유용하게 쓰이기까지 한다. 이렇게 소는 하나부터 열까지 버릴 게 하나도 없는, 신이 인간에게 내린 가장 큰 선물이었던 것이다. 이렇게 귀한 소를 단순히 식육으로 써버리는 것은, 사치를 넘어 죄를 짓는 행위로까지 받아들였을만한 일이다. 인도에서는 굶어죽는 한이 있어도 소를 잡아먹지 않는다고 한다. 단순히 토템의 대상물이어서가 아니라, 당장의 굶주림에 지쳐서 소를 잡아먹기 시작했다가는 그들의 미래가 보장될 수 없기 때문일 것이다. 오늘의 배고픔을 견디며 소에 쟁기를 걸면, 몇 달 뒤 오늘의 배고픔을 덮고도 남을 식량이 내 곳간에 쟁일 것을 그들은 경험으로 안 것이다. 쇠고기를 먹지 않는 인도 사회의 금기는 아마도 이런 현실적 요인이 바탕이 되어 생겨난 문화였을 터이다.

반면 돼지는 사실 매우 쓸모없는 짐승이었다. 그들은 시쳇말로 '먹고 싸는' 것 외에 하는 일이 별로 없다. 돼지는 온도 변화에 약한 동물이기에 반드시 우리를 만들어주어야 하고, 먹는 것의 종류도 인간과 비슷하다. 게다가 먹는 양도 대단하다. 생의 최후에 약간의 단백질을 제공하지만, 평생 먹은 양에 비하면 비교적 적은 양일 뿐이다. 적나라하게 표현하자면, 돼지는 소에 비해 그 효용과 가치가 턱없이 작았던 것이다. 이런 조건들로 미루어볼 때, 돼지를 길러 손해 보지 않은 부류는 상류층뿐이지 않았을까 싶다. 먹는 문제가 지금보다 절실했던 과거에, 호사스러운 식생활을 위해 다른 손해를 감수할 수 있는 계층은 그들밖에 없었기 때문이다. 땀을 흘리지 않아 체온조절이 어려운 돼지에게는 진흙마사지가 필수적인데, 사막지대에 사는 아랍권 사람들은 물 한 방울이 아쉬운 상황에서 돼지에게 진흙을 만들어줄 물 따위는 안중에도 없었으리라. 아쉬운 대로 제 배설물에서 뒹구는 돼지의 행동은 이 지역 사람들에게 좋은 핑계거리가 되었다. "제 배설물에서 뒹구는 더러운 돼지는 먹지 말아야 해." 이렇게 돼지를 기르지 않음으로써, 아랍지역에서는 물도 아끼고 다른 가축 사육에 더욱 매진할 수 있었을 게다. 다만 우리는, 이러한 '선택과 집중' 전략의 희생양이자 수혜자인 돼지가, 아랍권의 주요 종교로 발전한 이슬람으로부터 '부정한 동물'이라는 불명예를 얻게 된 것에 대해 심심한 유감을 표해야 할 따름이다.

사정이 크게 달라진 오늘날에도 소와 돼지에 대한 터부는 또다른 이유와 방식으로 존재한다. 이제 소와 돼지를 식용으로 소비하는 것은 결코 사치스러운 일이 아니다. 귀하신 몸이어서 먹지 못하던 소는 물론, 천대받느라 사육되는 수가 적었던 돼지도 손쉽게 먹을 수 있게 되었다. 그 고기들을 먹는다고 해서 가정의 엥겔지수가 급격히 상승하는 일은 없기 때문이다. 오늘날 식문화에서 사치라는 것은 유기농 제품만을 소비하거나 몇몇 브랜드의 식재료를 고집하는 방식으로 대체되었다. 오히려 소와 돼지를 먹음으로써 단백질을 많이 섭취하는 행위는 건강을 해치는 잘못된 식습관으로 여겨지고 있다. 채식주의자나 몸매 관리에 혈안이 된 사람들은 쇠고기와 돼지고기를 당연히 멀리해야 할 식품으로 여긴다. 또한 소, 돼지, 닭 등을 통해 끊임없이 동물성 단백질을 공급받아야만 직성이 풀리는 사람들을 '단백질 중독자'로 명명하며 곱지 않은 시선으로 본다. 고기를 먹는 행위는 더이상 잘난 사람들만이 전유하는 호사가 아니게 된 것이다. 이처럼 세련된 이유로써 발생한 소와 돼지에 대한 새로운 유형의 터부는, 사람들 사이에서 점차 그 영향력을 확장해가고 있다. 참으로 재미있는 일이다.

세계의 감자요리

감자는 본래 안데스산맥에서 재배되었다고 한다. 스페인이 페루를 점령하면서 유럽으로 전해졌고, 일본, 중국 등을 거쳐 한반도에까지 전달되었다는 게 일반적으로 알려진 바다. 우리나라의 경우 먹을 게 부족했을 뿐더러, 식물의 뿌리부분을 먹는 식생활이 보편화되어 있어서 감자 재배가 금세 확산되었다. 그러나 유럽에서는 그렇지 못했다. 식물의 뿌리를 먹는 건, 코로 흙을 뒤적거리는 돼지들이나 하는 짓이라고 여겼던 탓이다.

유럽에서는 전통적으로 식재료도 계층에 따라 분화되어 있었다고 한다. 대표적인 예로 카이사르의 일화를 들수 있다. 카이사르가 갈리아지방을 점령했을 때 현지 귀족으로부터 식사 초대를 받았는데, 아스파라거스 요리가 나오자 그의 부관이 칼을 뽑아 들어 귀족을 죽이려 했다. 로마에서 아스파라거스는 하층민들이나 먹는 천한 식재료로 취급받았던 까닭이다.

감자가 유럽에 처음 들어왔을 때는 이보다 더한 푸대접을 받았다. 생김새가 조금 그로테스크해서인지 '악마의 식물'이라고까지 불렸다고 한다. 하지만 얼마 지나지 않아 감자는 유럽전역에서 제 매력을 발산하기 시작했다. 밀이나 쌀이 자라지 않는 척박한 땅에서도 잘 자라고, 그것들보다 수확량도 많다는 것을 사람들이 알게 된 것이다. 지배계급은 서둘러 농민들에게 감자 재배를 권장했고, 감자는 유럽을 넘어 전 세계를 먹여 살릴 구황작물로 자리매김하기에 이르렀다.

감자는 쌀에 비해서 칼로리는 적고 포만감은 큰 다이어트 식품이다. 게다가 알칼리성 식품이어서 고기에 곁들여 먹으면 더욱 좋다. 감자는 각 나라에서 다양한 종류의 음식으로 개발되었는데, 일반적으로 삶고 찌고 굽고 튀기고 갈아서 요리로 태어난다. 이중 가장 널리 알려진 요리는 바로 감자튀김이다. 원래는 프랑스인들이 해먹는 요리였는데, 2차 대전 중에 그것을 본 미국인들이 '프렌치프라이'라는 이름을 붙여 만들어 팔기 시작했다. 냉동식품으로 만들어져 레스토랑에 납품되기 시작한 이 음식은 처음에는 사람들의 호응을 얻지 못했다고 한다. 하지만 맥도날드에서 주 메뉴로 선보이면서 프렌치프라이는 폭발적인 반응을 낳기 시작했다. 햄버거보다 더 큰 이익을 남긴 시절도 있었다고 한다. 이후 미국인들은 으깬 감자요리보다 프렌치프라이를 더 좋아하게 됐고, 주로 재배하는 품종도 프렌치프라이에 적합한 종으로 바뀌어 정착하게 됐다고 한다.

오늘날 감자는 여러 나라에서 다양하게 조리되고 있다. 깍둑썰기한 감자를 버터와 함께 볶은 뒤 소금과 후추를 뿌리면 '폼므 파르망티에'라는 프랑스 요리가 된다. 역시 깍둑썰기한 감자를 어묵과 함께 간장에 졸이면 우리가 흔히 먹는 '감자어묵조림'이 된다. 막대기 모양으로 썬 감자를 기름에 튀겨낸 뒤 케첩을 곁들이면, 앞서 말한 미국식 '프렌치프라이'가 된다(프렌치프라이의 국적에 대한 논란이 많지만, 오늘날 우리가 패스트푸드점에서 흔히 먹는 형태로 만들어낸 건 맥도널드이므로, 미국 음식이라고 보는 게 무방할 것이다). 한편 튀긴 감자에 아이올리 소스(마늘 마요네즈)를 뿌려 먹으면 스페인 요리인 '타파스'가 된다. 이런 것을 다 제쳐두고, 세계 공통의 가장 오래된 감자요리는 바로 '찐 감자'라고 할 수 있겠다.

향신료

우리 가게 메뉴 중에 치킨스테이크가 있다. 정육된 닭다리를 구워 내놓는 요리인데, 굽기 전에 후춧가루, 생강, 마늘, 소금 등의 향신료로 밑간을 한다. 향신료의 강한 향이 닭 고유의 누린내를 없애 요리 맛이 훨씬 좋아진다. 한편 스테이크와 함께 제공하는 매시포테이토 볶음밥에도 독특한 향신료가 들어간다. 영업 초기 손님들이 식사하고 난 접시를 조사해보니, 가니쉬로 제공한 매시포테이토 볶음밥을 가장 많이 남긴다는 것을 알 수 있었다. 고민 끝에, 여기에 파슬리 조각과 레몬향이 나는 '레몬밤'이라는 허브를 넣어보았다. 색상과 향이 훨씬 좋아진 덕에, 손님들이 남기는 양이 현저히 줄어들었다. 이후 우리 가게에서 내놓는 매시포테이토 볶음밥에는 레몬밤이 들어가기 시작했다. 레몬밤은 어머니가 집 옥상에서 직접 길러 말린 것을 빻아 사용하고 있다.

이밖에도 고기 밑간할 때나 볶음밥을 만들 때 후춧가루를 꼭 사용하고, 올리브유에는 1달 이상 숙성시킨 로즈마리를 넣는 등 요리에 향신료를 많이 활용하는 편이다. 향신료는 비교적 향이 강한 것들을 사용하지만, 막상 요리를 하면 향이 은은해지거나 거의 사라지는 경우가 대부분이어서 먹을 때 거부감이 들지 않는다. 이처럼 조금만 넣어도 요리의 잡냄새를 없애주고 맛도 돋워주는 향신료는, 요리에는 없어서는 안 될 중요한 재료다.

유럽에서 널리 쓰인 향신료는, 본래 먼 이국에서 가져온 독특한 향을 지닌 식물의 각종 성분을 지칭했다. 오늘날 음식의 첨가물이나 약으로 널리 쓰이는 향신료는, 냉장고가 없던 과거에는 음식의 부패를 방지하거나 고기의 역한 냄새를 없애는 데 쓰였다고 한다. 하지만 학자들의 이런 설명은 충분한 것이 아닌 듯하다. 향신료라면 사족을 못 썼던 유럽의 귀족들은, 자신의 부를 과시하기 위해 파티 음식 등에 향신료를 잔뜩 넣곤 했다. 당시 향신료는 같은 무게의 금보다도 훨씬 비싼 가격에 거래되었기 때문이다. 향신료가 이처럼 귀한 대접을 받은 것은, 그것이 생산된 지역적 조건으로부터 기인한다. 향신료의 주 생산지는 인도와 동남아시아지역이었는데, 유럽인들에게 이곳은 너무나도 먼 땅이자 신비로운 이국이었다. 따라서 향신료를 배에 실어 들여오는 데 드는 비용도 만만치 않았고, 그것이 지닌 희소성과 가치를 잘 아는 유통 상인들의 가격통제도 심각했다. 심지어 상인들은 천일야화 뺨치는 모험을 거쳐 신비의 땅에 도착해야 비로소 귀한 향신료를 구할 수 있다고 허풍을 치기도 했다. 귀족들은 이처럼 이국의 신비한 정취를 물씬 풍기는 향신료에 매료될 수밖에 없었다. 그래서 그들은 많은 돈을 치르고서라도 귀한 향신료를 구하여 애썼고, 자연스레 향신료의 가격은 천정부지로 뛰었다. 정리하자면, 향신료는 음식물을 보존하고 그 맛을 돋우는 것보다는, 유럽 귀족들의 사치품으로서 더욱 충실히 기능했던 셈이다. 재미있게도, 오늘날 우리는 저렴한 가격을 자랑하는 쿠킨스테이크 테이블에 앉아, 그 귀한 향신료를 귀족들보다도 마음껏 즐기고 있다.

마요네즈, '궁즉통'의 본보기

18세기 중반, 지중해 서부 미노르카 섬을 둘러싸고 전쟁이 벌어졌다. 길고도 치열한 전투를 치른 끝에, 리슐리외 공작이 이끄는 프랑스 군대는 미노르카의 전략항인 '마온'에 승리의 깃발을 꽂게 되었다. 공작은 승리를 자축하는 파티를 준비할 것을 지시했다. 전쟁의 피로에 찌들어있던 공작은 맛있는 음식이 넘쳐나는 성대한 파티를 기대했다. 그러나 이는 그만의 착각이었다. 오랜 전쟁을 치른 뒤라 식재료를 비롯한 모든 물자가 바닥난 상태였다. 공작의 요리사는 순간 당황했으나, 곧 기지를 발휘했다. 진귀한 재료가 아니어도, 질 좋고 신선하기만 하다면 대충 굽거나 쪄도 훌륭한 요리가 만들어진다는 것을 잘 알고 있는 그였다. 채소와 고기를 최대한 그러모아 굽고 쪄서 푸짐한 요리를 만들어냈다.

그러나 결정적 위기는 바로 그 순간 찾아왔다. 요리에 얹을 소스가 다 떨어졌던 게다. 소스를 만들어보고자 급히 재료를 모아보았으나, 구할 수 있는 건 달걀, 올리브오일, 소금, 식초 따위가 전부였다. 요리사는 용단을 내렸다. "되는대로 휘저어보자!" 그러자 곧 놀라운 일이 벌어졌다. 고소하면서도 새콤한, 부드러운 소스가 탄생한 것이다. 요리사는 회심의 미소를 지으며 공작 앞에 근사한 파티 테이블을 차려냈다. 공작의 반응은 실로 대단했다. 되는대로 휘저어 만든 소스의 맛에 매료된 그는, 그 소스에 '마온의 소스(Mahonnaise)'라는 이름을 붙였다. 새로운 소스의 탄생 소식은, 마온에서의 프랑스의 승리와 더불어 프랑스인 사이에서 크게 회자되었다. '마온의 소스'는 사람들의 입을 타며 '마요네즈'라는 부르기 쉬운 이름으로 바뀌어갔고, 19세기에 이르러서는 서양요리에서 최고급 소스로 대접받았다. 그리고 20세기 초 프랑스 이민자들에 의해 미국에 알려진 뒤, 마요네즈는 비로소 오늘날과 같이 대중적인 소스로 자리매김하게 되었다.

궁즉통(窮則通). 주역에 나온 말로서, 최선을 다하면 어려운 상황이 변해 일이 잘 풀린다는 뜻이다. 특히 '궁(窮)'의 의미에 주목해야 하는데, 이는 '곤궁하다'가 아니라 '깊이 연구하다' '다하다'로 해석해야 한다. 따라서 오늘날 우리가 흔히 알고 있는 '궁하면 통한다'는 것과는 사뭇 다른 의미인 셈이다. 하지만 그리 해석하면 또 어떠랴. 코너에 몰린 쥐가 너 죽고 나 죽자는 심정으로 고양이한테 덤벼들 때는, 분명 그만한 각오와 용기가 섰을 게다. 더이상 뾰족한 수가 없어서 될 대로 되라는 식으로 위기에 맞서는 것도 그 자체로 최선을 다하는 일일 테니, 궁하면 통한다는 식의 해석도 원래 의미와 일맥상통하는 면은 있다.

이런 궁즉통의 좋은 본보기로 들 수 있는 게 앞서 언급한 마요네즈다. 이렇다 할 식재료가 없는 상태에서 그나마 남은 것을 그러모아 만들어낸 마요네즈는, 뜻밖에도 놀라운 음식으로까지 발전해 전 세계인의 사랑을 받고 있다. 진취적이고 낙관적인 사고방식에 '헝그리 정신'이 더해져 탄생한 마요네즈는, 내 장사가 나아가야 할 방향을 잘 보여준다. 마요네즈처럼 소박하게 시작했지만 곧 널리 사랑받는 가게, 내가 추구하는 쿠킨스테이크의 모습이다.

토마토

　가만히 보니, 토마토 역시 만병통치약이다. 암, 고혈압, 동맥경화 등의 예방에 좋다고 한다(사실 우리가 먹는 과일과 채소 대부분이 '만병통치약' 소리를 들을 만하다). 남미 안데스지방이 원산지인 토마토는, 유럽에 전해진 뒤 처음 수 세기 동안은 호응을 얻지 못했다. 독이 들었다는 소문이 돌아서 그랬다고 한다. 착하디착한 작물인 감자에는 '악마의 식물'이라는 이름을 붙이고, 만병통치약 수준의 영양을 자랑하는 토마토에는 독이 들었다는 누명을 씌우고…… 아무래도 서양인들은 새로운 음식이 들어오면 일단 의심부터 하고 봤던 것 같다. 아무튼 이런 취급을 당하던 토마토도, 오늘날에는 유럽인들로부터 극진한 사랑을 받고 있다. 이탈리아인들이 즐겨먹는 스파게티와 피자가 유럽 전역으로 퍼져나간 덕분에, 여기에 소스로 끼얹는 토마토도 함께 유명해진 것이다.

　토마토를 먹는 방법은 지역에 따라 다르다. 서양인들은 토마토를 대개 소스 등 음식 재료로 쓴다. 토마토소스는 바질, 소금, 후춧가루 등을 함께 넣고 열을 가해 만드는데, 이는 남미 원주민들이 해먹던 방식을 본뜬 것이다. 과일은 무조건 신선한 상태로 먹는 우리로서는 익숙하지 않은 섭취법이다. 우리나라에서는 토마토를 여느 과일처럼 날것으로 먹는다. 하나라도 더 먹이려는 부모들의 극성으로, 설탕이 뿌려진 토마토를 먹는 아이들도 있다. 혹은 나처럼 믹서에 넣어 갈아먹는 사람들도 있다. 이처럼 토마토를 먹는 방법이 다른 것은 토마토의 종류가 다르기 때문이다. 서양에서 먹는 토마토는 열을 가해 먹을 때 더욱 맛이 좋은 반면, 우리가 먹는 토마토는 날것으로 먹기에 적합하다.

여기서 잠깐. 나는 줄곧 토마토를 과일이라고 이야기했는데, 과연 토마토는 과일에 속할까, 아니면 우리가 널리 알고 있듯 채소에 속할까? 우리가 토마토를 채소라고 배우게 된 데는 미국의 영향이 크다. 한 세기 전쯤, 미국의 관세법이 과일에는 관세를 붙이지 않고, 채소에만 관세를 붙이는 식으로 개정된 일이 있다. 이때 수입업자와 세관당국이 토마토의 분류 문제를 놓고 재판을 벌였는데, 법원이 세관의 손을 들어주면서 토마토는 졸지에 채소가 되었다. 토마토가 저녁식사 음식으로는 나오지만 후식으로는 나오지 않는다는 게 판결 근거였다. 채소처럼 열을 가해 먹는 식습관이 화근이 된 셈이다. 순전히 한 나라의 경제적인 이유 때문에 채소로 둔갑한 토마토를, 우리도 덩달아 채소라 부를 필요가 있을까? 아이들에게 먹일 때도 토마토는 채소가 아니라 과일이라고 하는 편이 훨씬 나을 것이다.

사람들은 채소와 과일은 날것으로 먹는 게 몸에 좋다는 고정관념을 가지고 있다. 가공을 거치면 섬유질과 영양소가 파괴된다는 게 그 이유다. 그러나 그 이유 대문에 굳이 날것을 고집할 필요는 없다. 채소를 익히면 섬유질과 영양소는 파괴되지만, 대신 많은 양을 먹을 수 있어

가열로 상실된 영양소와 섬유질을 보완할 수 있다. 과일도 갈아서 주스 형태로 만들어 먹으면 몇 개 분량을 한꺼번에 먹을 수 있다. 식사 때 먹는 음식과 달리 한꺼번에 많은 양을 섭취하기 힘든 과일과 채소는, 이처럼 가공해서 먹는 게 오히려 현명한 방법일 수 있다. 남들이 건강한 식생활이라며 떠들어대는 것들에 현혹되면, 얼마 지나지 않아 그것에 질려버리기 십상이다. 자기가 받아들이기에 편한 음식이 자기 몸에 가장 적합한 음식이라고 생각하면 된다. 그것이 바로 소박하지만 현명한 식습관이다.

액체

과일을 먹는 방법은 의외로 많다. 날것으로 먹는 것은 기본이고, 말리고, 찌고, 굽고, 절이고, 즙을 내고, 젤리나 잼을 만들어 먹기도 한다. 내 경우 아침에는 사과를 날것으로 먹고, 점심에는 손님 테이블에 내놓는 빵에 과일잼을 곁들이고, 운동 뒤에는 토마토를 갈아 마시고, 저녁에는 과일 주스를 마신다. 서재에는 두 해 전에 담가둔 과실주가 서너 병 있다. 매해 담갔다가 부모님께 드리곤 하는데, 정작 나는 잘 마시지 않는다. 과실주의 단맛을 별로 좋아하지 않기 때문이다. 그러나 와인만은 예외다. 물론 단맛 나는 와인도 있지만, 쓴맛이 더 강한 와인도 있어 잘 선택해 마시면 된다.

과일을 먹는 이런 다양한 방법 가운데 가장 합리적인 방법은 술이나 주스로 만들어 마시는 게 아닌가 싶다. 우리는 보통 입에 넣어 씹어 삼키고, 그걸 위에서 소화시키는 방식으로 음식물을 섭취한다. 그런데 이 과정에는 의외로 많은 수고가 필요하다. 턱을 움직여 이로 음식물을 씹어야 하고, 그렇게 분쇄한 음식물을 위에서 다시 한 번 소화시키는 과정을 거쳐야 비로소 장에서 그 영양분을 흡수할 수 있다. 오랜 시간과 노력을 들여 요리를 만들고, 상을 차려 음식을 먹는 데 다시 시간을 들이고, 우리 몸에 들어온 음식을 소화하고 흡수하는 데도 수고를 들여야 하므로, 실로 불합리한 행위인 것이다. 그래서 추측해보았다. 미래의 음식은 알약 형태가 아니라, 액체 형태가 될지도 모른다는……. 아무튼 나는 씹어 삼키는 수고를 줄이고자 아침은 생식으로 해결한다. 생식은 준비하고 마시는 데 불과 1분의 시간 밖에 들지 않기 때문이다. 가격이 만만치 않은 게 걸리긴 하지만, 먹기 간편하고 몸에도 좋으니 바람직한 음식이라 하지 않을 수 없다.

요는, 물과 같은 액체 상태의 음식이 섭취하기에 가장 편리하다는 말이다. 하지만 정작 물을 마시는 건 그리 쉽지 않다. 몹시 목마를 때를 제외하곤 물 한잔을 한 번에 마시는 건 무척 어렵다. 반면 차나 청량음료, 술 등을 마시는 건 그보다 훨씬 쉽다. 특히 맥주 같은 술은 앉은 자리에서 몇 병이고 마셔댈 수 있다. 이런 이유로 몇몇 애주가들은, 수분을 충분히 흡수하는 방법으로 술을 마시는 행위를 권장할 만하지 않느냐는 주장을 하기도 한다. 하지만 이건 궤변에 불과하다. 술에 든 알코올이 우리 몸속에서 이뇨작용을 해 오히려 수분을 많이 배출하게 된다는 것을 기억해야 한다. 과음한 다음날 새벽에 목이 말라 신음해본 경험을 떠올리면 이를 수긍하지 않을 수 없을 게다(음주 예찬자인 나로서는 통탄할 만한 일이어서, 과학 자체를 부정하고 싶을 정도다).

재미있는 건, 머리 좋은 몇몇 사람들 덕에 음주문화가 '추함'의 불명예를 상당부분 덜어내게 되었다는 사실이다. 서양에서는 차나 커피에 술을 넣음으로써 그럴싸한 퓨전음료를 만들어냈다. 실질적으로 낮술을 하면서도 사람들의 손가락질은 피할 수 있는 묘안인 것이다. 우리나라에서도 술에 녹차 등을 넣는, 건강을 고려한 음주문화가 생겨났다. 이래저래 애주가들의 숨통이 트이고 있는 것 같아 여간 다행스러운 게 아니다.

차

오늘날 전 세계인이 즐기는 차는 본래 중국에서 탄생했다. 중국은 예나 지금이나 좋은 물을 구하기 쉽지 않은 곳이다. 물에 석회성분이 많아 그냥 마시면 배탈 나기 일쑤다. 이런 이유로 중국인들은 물을 반드시 끓여 마셨고, 그 과정에 이것저것을 넣어 맛을 내다가 풀이파리를 넣기에 이르렀다. 맛도 좋고 몸에도 좋은 차는 이렇게 탄생했다. 차의 효과를 간파하고 이를 발전시킨 주인공은 중국의 승려들이다. 차를 만들고 그것을 마시는 단순한 행동에서 수행의 묘를 터득한 그들 덕에, 차를 마시는 것이 고유한 문화로 자리 잡았다.

동서양 간에 교역의 물꼬가 트이면서, 차는 곧 세계 각지로 퍼져나갔다. 서양인들은 금세 차의 맛과 향에 매료되었고, 차의 재배와 유통은 엄청난 돈벌이가 되는 산업으로 발전했다. 아편전쟁이나 보스턴 차 사건은, 차의 경제적 효과가 세계 역사에 얼마나 큰 영향을 미쳤는지를 단적으로 대변한다. 특히 영국인들의 차에 대한 사랑은 대단했다. 그들은 엄청난 양의 차를 수입했는데, 이 과정에서 탄생한 게 그 유명한 홍차다. 영국으로 향하는 화물선에는 늘 엄청난 양의 차가 실려 있었는데, 이렇게 운반하는 도중에 차가 발효하는 현상이 빈번히 발생했다. 이것을 맛본 영국인들은 그 독특한 맛에 열광했고, 엄청난 수요를 소화하기 위해 식민지였던 인도에 차를 심기 시작했다. 우리가 잘 알고 있는 다즐링, 아삼, 실론 같은 차들은 그것이 재배된 인도와 그 인근지역의 지명을 따온 것이다. 이런 홍차들은 블렌딩, 가향 등 다양한 방법을 통해 여러 종류로 변형되고 발달했다. 블렌딩한 차는 하루 중 그것을 마시는 시간에 따라 모닝, 애프터눈, 브렉퍼스트 등으로 나뉘기도 한다.

반면 우리나라 사람들이 즐겨 마시는 녹차는 발효를 거치지 않은 종류다. 요새는 찻잎을 우려내어 마시는 전통적인 방법으로부터 벗어나, 잎을 가루로 만들어 물에 타 마시거나, 아이스크림, 케이크, 떡에 넣는 등 다양한 방법으로도 녹차를 이용하고 있다. 또한 일반적인 녹차 이외에 발효, 숙성을 거친 것들도 인기를 얻고 있는데, 우롱차나 보이차가 대표적이다.

차를 맛있게 즐기는 방법은 와인이나 요리를 즐기는 방법과 비슷하다. 차를 우릴 때는 좋은 물을 써야 하는 것이 기본이고, 물의 온도도 잘 맞추어야 한다. 차를 보관할 때는 밀폐용기에 넣어 실온에 두면 되고, 여름에만 냉장고에 넣어두면 된다. 한 번에 많이 사서 보관해두고 마시는 것보다는, 조금씩 자주 사는 게 더욱 좋은 방법이다. 또 차를 우리는 도자기에도 신경 써야 한다. 차의 종류에 따라 다른 것을 사용하는 게 좋고, 세척할 때는 세제를 쓰지 않는 게 정석이다.

이렇게 보면, 차를 마시는 게 대단히 번거롭고 복잡한 일처럼 느껴진다. 실제로 일본이나 우리나라에서 전해져 내려오는 다도는 적잖이 고리타분하다. 그러나 중국인들이 차 마시는 모습을 보면 그런 게 다 무슨 소용인가 싶기도 하다. 중국인들은 늘 차를 달고 살기에, 차 마시는 일에 대단한 격식을 차리지 않는다. 그들은 만났다하면 반드시 차를 마신다. 차로 목을 축여가며 한참 떠들어대다가, 목이 마르면 재탕 삼탕을 해서 계속 차를 마신다. 이렇게 차를 마시며 노는 것은, 술 마시며 노는 것에 비해 참 좋은 문화인 것 같다. 술 마실 때와 달리 올바른 정신으로 대화를 이어갈 수 있고, 동시에 건강도 챙길 수 있기 때문이다. 한국남자들이여, 술도 좋지만, 가끔은 차도 마시자!

커피

커피의 원산지는 에티오피아다. 커피의 발견을 둘러싼 설은 여러 가지가 있는데, 그 중 재미있는 것은 이른바 '양치기 발견설'이다. 양치기가 양떼를 돌보던 중, 커피열매를 먹고 흥분한 양들이 열정적으로 짝짓기 하는 걸 보고는 호기심에 먹어본 데서 유래됐다는 것이다. 실제로 커피에서는 신경을 흥분시키는 물질이 검출되었는데, 우리가 잘 알고 있는 카페인이 그것이다.

이처럼 인간의 몸을 흥분시키거나 각성시키는 성분을 지닌 식물들로는 대마, 양귀비, 코카 등을 들 수 있다. 과거에 신비주의 종교에서는 포교를 목적으로 이 식물들을 활용했는데, 이성을 초월해 새로운 자신을 발견하게 한다는 게 명분이었다. 실제로는 사람들을 환각에 빠뜨려 현혹하는 게 목적이었다. 사실 이런 물질들은 자연 상태에서는 환각효과가 강하지 않아 여러모로 유용하게 쓸 수 있다. 그러나 이를 조금만 가공하면 마약으로 변신하므로, 대부분의 나라에서 이것들의 재배와 가공을 금지하고 있다. 코카콜라는 초기에 코카나무 잎 추출물을 넣어 제조했는데, 코카 잎을 정제해 만든 코카인이 널리 퍼지면서 코카의 사용이 금지되자 코카 성분을 더이상 넣지 않았다. 대마도 그 자체로서는 별 영향을 주지 않는 식물이지만, 이를 농축하거나 정제하면 마리화나, 대마초 같은 마약을 만들 수 있다.

이렇게 사람들의 음험한 손길을 타면서 재배조차 금지당한 식물들과 달리, 커피는 독특한 향과 맛, 그리고 '얌전한' 각성 효과 덕분에 세계인의 기호식품으로 발전하게 되었다. 석유에 이어 제2의 국제무역품으로 자리매김했을 정도다. 커피가 이렇게 널리 퍼지게 된 건 다양한 처리 및 가공법이 개발된 이후의 일이다. 커피원두를 볶는 것을 로스팅이라고 하는데, 이 과정을 거치면 원두의 맛과 향이 크게 살아난다. 프랑스인들에 의해 커피를 우려내는 방법도 개발되었는데, 이를 통해 커피의 맛과 향은 최상의 수준이 된다. 또한 다양한 블렌딩을 통해 커피 맛이 고급화되기도 했다.

그러나 커피가 대중의 기호품으로 자리 잡는 데는, 무엇보다도 인스턴트커피의 개발이 가장 큰 역할을 했다. 아무런 장치 없이도 커피를 마실 수 있다는 점에 사람들은 크게 매료되었고, 당연히 그 수요는 폭발적으로 늘어났다. 그러나 인스턴트커피는 동결건조과정을 거치므로 맛이 크게 떨어지는 한계가 있었다. 이 때문에 많은 사람들이 다시금 맛과 향을 간직한 정통커피를 찾게 되었고, 인스턴트커피의 수요는 줄어들기 시작했다. 제조사들은 이런 한계를 극복하기 위해 인공적인 맛과 향을 첨가해 정통커피를 흉내 내는 시도를 하고 있다. 그러나 그 품질이 만족스럽지 못할뿐더러, 몸에 이롭지 않은 물질들이 첨가되므로, 결과적으로 싸구려 제품 이미지만 더해갈 뿐이다. 설탕과 크림을 첨가해 마셔야 하는 것만으로도, 인스턴트커피는 충분히 몸에 해로운 게 사실이다. 이런 인스턴트커피를 원하지 않는다면, 직접 원두를 구해 로스팅하고 갈아내는 수밖에 없다. 하지만 이는 너무나 번거로운 일이다. 원두를 간 후 밀폐용기에 넣어 냉장 보관하면서 덜어 쓰면, 그나마 괜찮은 맛과 향의 커피를 즐길 수 있을 것이다.

통조림

　사람들은 보통 냉동식품이나 캔 제품을 싸구려 먹을거리라고 생각한다. 그러나 내 생각은 다르다. 이 두 가지는 음식을 보관하는 최고의 방법일뿐더러, 매우 활용도 높은 식재료이기 때문이다. 실제로 나는 시중에서 구할 수 있는 다양한 종류의 통조림 제품을 사다 놓고 적절한 시점에 요리해 먹는다. 통조림이 빛을 발하는 시간은 주로 야간이다. 나는 밤에 가게 문을 닫고 집에 들어간 뒤에는 거의 밖에 나가지 않는다. 가까운 곳에 편의점도 없고, 밖에 나가기 위해 주섬주섬 옷을 챙겨 입는 게 귀찮기도 하다. 이 문제를 해결해주는 게 바로 통조림이다. 모든 통조림 제품은 그냥 먹어도 될 정도로 가공되어 있다. 통조림 하나를 따서 프라이팬에 붓고 간단한 채소류와 양념을 더하면 근사한 요리가 만들어진다. 양도 1.3인분 정도여서 웬만한 성인남자들이 먹기에 딱 알맞다.

　내가 구입하는 통조림은 대부분 생선이나 육류가공제품이다. 한밤중에 야식으로 먹고 싶은 것들은 대개 기름진 단백질 덩어리들인 까닭이다. 솔직히 이야기하면, 술과 함께 먹을 푸짐한 안주가 그리울 때마다 통조림을 따게 된다(술에 과일을 곁들여먹는 취향을 갖고 있지 않은 게 애석할 따름이다). 그러고 보니 술도 병에 담겨 판매되므로, 일종의 인스턴트 제품인 셈이다. 줄곧 밤에 먹을 만한 것들을 소개했는데, 내가 유일하게 아침에 활용하는 통조림 제품도 소개해야겠다. 닭고기수프 통조림이 그것이다. 생식 먹는 게 지겹게 느껴지는 날에 따는 제품으로, 아침식사 대용품으로 쓸 만하다. 이렇게 통조림을 애용하는 나는, 스스로 통조림의 가치를 아는 몇 안 되는 사람 중 한 명이라고 자부하고 있다. 우습게도 나는, 우리 가게 주방의 서열을 통조림 빨리 따는 순으로 정하자고 제안하기까지 했었다.

통조림 요리의 고수는 음식점 주인인 경우가 많다. 값이 싸고 보관도 용이해, 근사한 메뉴로 개발하기만 한다면 고수익이 보장되기 때문이다. 실제로 많은 음식점들이 통조림을 주요 식재료로 활용하고 있고, 몇몇 음식점들은 깡통에 든 꽁치나 골뱅이를 정식 메뉴로 개발해 큰 재미를 보기도 했다. 일반인들은 잘 모르겠지만, 우리 주변에는 실로 다양한 통조림 제품이 시판되고 있고, 음식점들은 그것을 활용해 요리의 맛을 더욱 풍성하게 만들고 있는 것이다. 나중에 여유가 생긴다면, 시중에 판매되고 있는 수많은 통조림을 소개하고, 이를 이용해 만들 수 있는 간단한 요리를 소개하고 싶다는 생각을 해보았을 정도다. 게으른 솔로들이여, 희멀건 참치캔만이 통조림의 전부가 아니다. 지금 마트에 달려가 온갖 통조림을 한 아름 안고 돌아오자. 찬장에 쟁여 놓은 통조림을 바라보며 흐뭇한 미소를 머금게 될 것이다.

마주앙에서 **로마네 콩티까지**

와인에 대한 단상

우리 가게 간판에는 쿠킨스테이크 상호 이외에 조그맣게 'Steak & Wine'이라는 말이 쓰여 있다. 물론 스테이크와 와인을 판다는 뜻이다. 남들이 보면 가게 주인이 와인에 조예가 깊을 거라고 생각하기 쉽지만, 사실 내가 와인을 본격적으로 접한 건 그리 오래 되지 않았다. 와인에 대해 공부해야겠다는 생각이 든 건 스테이크 전문점을 차리기로 결정하고 난 뒤의 일이었다. 와인전문서적을 몇 권 읽자 와인에 대한 대략적인 그림이 그려졌다. 와인의 역사와 종류, 음용법 등 웬만한 이론적 지식을 두루 알게 되었다. 그러고 나서 우리 가게에서 취급할 제품을 시음하기 시작했다. 말이 좋아 시음이지, 실제로는 벌컥벌컥 마셔댔고, 술을 마시고 싶은데 사러 가는 게 귀찮을 땐 그냥 가게에 있는 와인을 마시기도 했다. 이렇게 와인을 자주 마시다보니 와인에 대한 나의 취향을 알게 되었다. 달콤한 것보다는 드라이한 와인이 훨씬 입에 맞았다.

부끄러운 이야기를 하나 해야겠다. 솔직히 말하면, 와인에 대한 나의 첫 경험은 대학교 시절로 거슬러 올라간다. 대학교를 다니는 동안 즐겨 마신 술이 있었는데, 그 라벨에 '마주앙'이라는 글씨가 쓰여 있었다. 그땐 그게 와인인 줄도 모르고 마셨다. 몇 년 동안 마시면서도 '마주앙'이란 게 그저 술의 한 종류일 거라고 생각했던 것이다. 내 방에 앉아서 게맛살을 안주 삼아 일주일에 두세 병씩은 마셔댔고, 간혹 산화되어 색이 변질된 게 있어도 그저 숙성되어 더 좋은 것이려니 하고 마셨다. 이렇게 우습게 시작된 나의 와인 사랑은, 이제 그것을 전문적으로 파는 데에 이르렀다.

레스토랑 등에서 처음 와인을 마시는 사람이라면 누구든 약간의 부담스러움을 느낄 것이다. 많은 업소들이 손님에게 와인을 서비스할 때 대단한 격식을 갖추기 때문이다. 번쩍이는 도구를 이용해 코르크마개를 따고, 맛을 확인시키고, 멋진 포즈로 와인병을 놀려 손님 잔에 와인을 따르는 일련의 행동을 보고 있으면, 풋내기 손님은 자기 돈 내고 서비스 받는다는 사실을 잊은 채 주눅 들기 십상이다. 앞서 말했듯, 우리 가게에서도 와인을 판다. 하지만 이처럼 격식을 갖춘 서비스를 제공하지는 않는다. 주문을 받으면 주방에서 마개를 따서 손님 테이블에 잔과 함께 내놓을 뿐이다. 몇몇 손님들은 의례적인 서비스가 제공되지 않는 데 대해 의문을 표하기도 한다. 이런 식으로 서비스하는 데는 당연히 이유가 있다. 우리 가게는 전문적인 와인 바나 고급 레스토랑이 아닌, 캐주얼한 스테이크 전문점이기 때문이다. 우리 가게를 찾는 손님들은 많은 돈을 지불하고 품격 높은 서비스를 받길 원하지 않는다. 격식 차리지 않고 편하게 스테이크와 와인을 즐기고자 할뿐이다. 그런데 주인 혼자 잘났다고 온갖 격식을 차려 서비스하면 오히려 우습지 않겠는가.

예전에 이코노미스트라는 잡지에서 와인에 대한 통념을 날카롭게 지적한 글을 읽으며 무릎을 친 적이 있다. 그 글의 요지는 이렇다. 와인을 받을 때 잔을 들지 않아야 하고, 잔을 잡을 때는 볼이 아닌 다리를 잡아야 하며, 마실 때는 향을 느낀 후 입안에서 굴리듯 음미하는 게 필수적인 에티켓이라고 알려져 있지만, 이 모든 격식은 정작 본고장인 유럽에서도 지키지 않는 것들이라는 것이다. 그 글에서 언급하고 있는 예를 보면 이 주장이 훨씬 직접적으로 다가온다. 와인이나 샴페인이 자주 등장하는 서양의 영화들이나, 세계정상회담 등의 만찬 장면을 담은 사진들을 보면, 다들 보란 듯이 잔의 볼을 잡고 있다는 게다. 이와 더불어, 와인을 앞에 두고 온갖 격식을 갖추다가는 '와인속물' 취급을 당할 수도 있다는 팁도 제공하고 있다. 한마디로, 고답적인 태도를 버리고 그저 편하게 와인을 대하면, 와인을 즐기는 것이 훨씬 유쾌해질 거라는 이야기였다.

내 생각도 이와 다르지 않다. 물론 서양의 생활 예법에 대해 잘 아는 것은 아니지만, 적어도 와인 역시 술의 한 종류에 불과하다는 것은 분명하다. 즐겁게 마시면 기분 좋아지고 과하면 취하는 맛과 향이 좋은 과실주일 뿐이라는 게다.

얼마짜리 와인을 마셔야 하는가

전문가들은 세계에서 가장 비싼 와인 브랜드로 '로마네 콩티 (Romanee Conti)'를 꼽는다. 프랑스 부르고뉴의 본느 로마네 지역에서 생산되는 와인으로, 연간 7천 병 정도밖에 생산되지 않는 귀한 와인이다. 프랑스 현지에서도 최소한 150만 원 이상의 가격으로 거래되고, 빈티지에 따라 1천만 원을 호가하기도 하는데, 생산량이 워낙 적어 돈이 있어도 구하기 힘든 게 현실이다. 한때 슬럼프를 겪기도 했지만 그 명성은 전혀 손색 되지 않고 날로 높아지고 있다. 아마도 로마네 콩티는, 와인이 지구상에 존재하는 한 최고의 자리를 계속 유지할 것 같다.

로마네 콩티가 생산되는 프랑스 부르고뉴 지역은 보르도와 더불어 세계적으로 유명한 와인 산지이다. 이미 언급한 로마네 콩티를 비롯해 샹베르땅, 몽라셰 등도 비싸기로 손꼽힌다. 값비싼 보르도 와인으로는, 부르고뉴 산 몽라셰의 유일한 맞수인 샤토 디켐을 들 수 있다. 샤토 디켐은 메독 지역 등급으로 따질 때 1등급 와인보다도 가격이 훨씬 높은, 명실상부한 최고급 화이트 와인이다. 이 와인들이 그토록 비싼 가격을 형성하게 된 건 물론 우수한 품질을 지녔기 때문이지만 그보다 더 중요한 이유가 있다. 그건 바로, 역사적 인물들이 그 와인들의 가치를 알아보았다는 사실이다. 나폴레옹은 샹베르땅의 맛에 매료되어 후세에까지 그 가치를 전했고, 『몽테크리스토 백작』의 작가 뒤마는 몽라셰를 극찬했다. 러시아의 콘스탄틴 대공은 샤토 디켐을 어마어마한 가격에 구입해 애호가들의 경쟁심에 불을 댕겼다. 명사들의 이런 반응은 그 와인들의 라벨에 불멸의 명성을 부여했고, 그 영향력이 오늘에까지 이르고 있는 것이다.

세계의 부호들과 와인 애호가들은 앞 다투어 값비싼 와인을 사들인다. 일부는 그것의 가치에 주목해 투자할 목적으로 사 모으고, 일부는 그 명성에 현혹되어 소장용으로 사 모으기도 한다. 하지만 다른 것들에 비해 높은 가격을 자랑한다고 해서 절대 우위의 맛을 보장하는 건 아니다. 전문가들이 온갖 미사여구를 동원해 칭송한 와인이라고 해도, 내 취향에 맞지 않으면 그 모든 칭송도 무가치할 뿐이다. 실제로 와인 소비량이 많은 프랑스 등 유럽과 미주, 호주 지역에서는 흔히 테이블 와인이나 저그와인을 마신다. 와인을 마시는 게 일상인 그들로서는, 굳이 '좋은' 와인만을 마실 필요가 없는 것이다. 우리나라에서도 할인 매장에 가면 일반 와인보다 훨씬 큰 용량의 저그와인을 접할 수 있는데, 가격이 비싸지 않아 부담 없이 즐길 수 있다. 몇 병 사두고 저녁마다 한두 잔씩 마시면 자연스레 와인 애호가가 될 수 있다. 매일 와인 한두 잔을 마시면 건강에도 좋고, 애인이나 가족과 부드러운 대화 시간을 가질 수 있어 더욱 좋다.

그렇다면 비싼 와인들은 언제 마시게 될까? 내 기준으로 대충 꼽아 본 바로는 다음과 같다. 결혼기념일이나 생일 같은 중요한 기념일에, 외국에서 온 친지나 친구로부터 와인을 선물 받았을 때, 와인 전문가를 자처하는 친구가 한턱 낼 때, 매혹적인 이성 앞에서 폼 잡을 때, 와인 바 메뉴판에 쓰인 동그라미 하나를 잘못 봤을 때, 연봉이 일억 원이 넘었을 때…… 사실 비싼 와인을 마실 수 있는 기회는 무척 드물다. 한 병에 몇 십만 원에 달하는 와인을 자기 돈 내고 마신다는 것은 웬만한 용기가 없으면 불가능한 일이다. 비싼 와인을 마시는 게 괜한 호기를 부리는 일이라는 건 아니다. 다만 취하는 게 목적이라면 굳이 비싼 와인을 마실 필요는 없다는 말이다.

나는 그럴싸한 분위기를 느끼기 위해 와인을 마시는 일이 거의 없다. 술이 갖는 최고의 미덕은 사람을 취하게 만드는 것이라고 생각하는 터라, 와인 역시 취한 기분을 느끼기 위해 마신다. 따라서 평상시에는 싼 와인이나, 가게에서 샘플로 받아둔 와인을 마시는 것으로 충분하다. 하지만 비싼 와인을 마시는 경우도 간혹 있는데, 그 이유가 참 우습다. 술에 취해 자제력을 잃는 것과 동시에 허영심이 발동해, 결국 비싼 와인을 '지르게' 되는 것이다. 이런 상태에서는 부르고뉴 와인 중 최상급인 그랑크뤼를 마셔봤자 별 감흥이 생기지 않는다. 그저 "좋군", 이 한마디밖에 할 수 없다. 비싼 와인을 마신 보람은 온데간데없고, 돈 아까운 생각이 치밀어오를 뿐이다. (사실, 와인을 마시고나서 그 느낌을 표현하는 건 평소에도 서툰 일이다. 그저 좋고 나쁨으로 모든 와인 맛을 표현할 따름이다. "어제 ○○○을 마셨어." "오, 그래?

어땠는데?” “응, 좋았어.” 대충 이런 식이다. 이럴 땐 차라리 만화 ‘신의 물방울’에 나오는 대사 한 구절을 외는 게 더 낫겠다는 자괴감이 든다.)

한국 와인의 시작

고모부님 환갑잔치 때의 일이다. 친척들과 한정식 집에서 점심식사를 하는데, 건배주로 칠레 산 와인이 나왔다. 자연스레 와인에 대한 이야기가 화제로 등장했다. 와인에 대한 약간의 식견이라도 있는 이들은 십중팔구 짧은 지식을 동원하여 아는 척을 한다는 걸 잘 알고 있던 터라, 난 그저 오고가는 이야기를 들으려고만 했다. 그러나 이런 다짐은 오래가지 않았다. 내가 와인을 판다는 사실을 아는 사촌들이 내게 이것저것 물어오기 시작했고, 단답형으로 시작했던 대답이 점점 길어져, 어느 순간부터는 와인에 대한 장광설을 늘어놓기에 이르렀다.

그러던 중 우리의 화제는 한국 와인으로 옮겨갔다. 슈퍼마켓에서 흔히 볼 수 있는 ‘진로포도주’에 대한 이야기를 주고받다가, 이윽고 우리나라 와인 가운데 가장 유명한 ‘마주앙’에 대한 이야기가 나왔다. 성당에 다니는 사촌동생이, 자기 성당에서는 마주앙을 미사주로 쓴다고 운을 뗀 것이다. (이미 이야기했듯, 마주앙과 나와의 관계는 20살 무렵까지 거슬러 올라간다. 나중에 안 사실이지만, 몇 년 동안 마신 이 술의 정체는 와인이었고, 난 그중에서도 화이트 와인만을 마셔댔다.

이런 까닭에 내 머릿속에는 '마주앙＝화이트 와인'이라는 공식이 있었다.) 나는 사촌의 말에 곧바로 반박했다. 미사주라면 당연히 레드 와인일 텐데, 내가 아는 마주앙은 화이트 와인이라고 따져들었다. 사촌동생은 자기 말을 확신했지만, 그 전까지 내가 와인에 대한 장광설을 늘어놓았던 터라, 대세는 나의 반박에 동의하는 쪽으로 넘어왔다. 그때였다. 사촌동생이 자기가 잘못 안 것 같다며 패배를 인정하려는 순간, 이 상황을 뒤집는 결정적 증언이 나왔다.

"마주앙 레드 와인, 있어. 내가 얼마 전에 봤는데……."

나는 화장실에 다녀오겠다며 슬그머니 자리에서 일어날 수밖에 없었다.

우리나라 와인의 시작을 알기 위해서는 먼저 포르투갈 와인('포트')에 대해 알아야 한다. 포르투갈은 1600년대 이후 꾸준히 영국에 와인을 수출했다. 포트는 디저트용 와인으로 특히 유명하며, 숙성시킬수록 맛이 부드러워지는 장점이 있어 수십 년씩 숙성시켜 파는 게 일반적이다. 이 경우 가격이 더욱 비싸진다. 한편 1800년대 이후부터는 변질을 방지하기 위해 수출용 포트에 알코올을 첨가했는데, 이 때문에 빈티지 포트의 알코올 농도는 21퍼센트 정도로 높다. 이렇게 변질을 방지한 까닭에 포트는 장거리를 운항하는 화물선에 실릴 수 있었고, 아프리카나 아시아에까지 유입될 수 있었다. 개화기에 처음 우리나라에 들어온 와인이 바로 이 포르투갈 와인이었다. 이때 맛본 와인의 맛이 우리나라 사람들의 뇌리에 각인되었고, 그 이후 오늘에 이르기까지 와인에 대한 우리의 이상한 상식은 이어져오고 있는 것이다.

오늘날 우리는 프랑스, 칠레, 미국, 호주 등 세계 각지에서 생산된 와인을 두루 즐기고 있다. 당연히 맛과 향, 숙성 정도, 보관 및 음용법 등이 가지각색이다. 상황이 이런데도 무조건 오래된 와인이 좋은 것이고, 디저트 와인처럼 달콤한 게 제 맛이라고 알고 있다는 건 정말 난감한 일이다. 그래도 그 옛날 포트의 맛이 그립다면, 집에서 포도에 설탕과 소주를 붓고 몇 년 동안 잘 숙성시켜 마실 것을 권한다.

만화『신의 물방울』

와인을 소재로 다룬 만화『신의 물방울』을 알게 된 건 한 아르바이트 학생 덕분이었다. 대학에서 외식산업을 전공하는 학생이었는데, 그 만화에 나온 와인들에 대해 조사하라는 과제를 받고 만화책을 읽고 있었다. 호기심이 생긴 나는 곧바로 대여점에 가서 같은 책을 빌려 보았다. 과연 잘 그린 만화였다. 일본 작가들이야 워낙 만화를 잘 그리니 그러려니 할 수도 있지만, 거기 등장하는 와인들을 보고는 혀를 내두르지 않을 수 없었다. 우리나라에서는 구경하기조차 힘든 진귀한 와인들이 숱하게 등장했다. 일본이 우리보다 유럽 문화에 대해 정통하고, 또 부자나라여서 그런 것쯤은 우습게 접할 수 있는 것일까? 그렇게 따지면, 우리나라 상류사회에서도 그런 귀한 와인들을 쉽게 접하고 있을지도 모를 일이다. 갑자기 이런 말이 떠오른다. "부자는 와인을 좀더 많이 가진 자다.” (우리 가게에도 와인이 많이 있는데, 그러면 나도 부자란 말인가?)

『신의 물방울』에서 가장 재미있는 부분은, 등장인물이 와인을 마시면서 그 느낌을 설명하는 장면들이다. 맛과 향을 느끼는 동물적 감각과, 그것을 표현해내는 문학적 감수성까지, 만화는 시종일관 귀한 와인에 대한 찬란한 묘사를 선보이며 독자의 호기심을 한껏 자극한다. 그 수준이 실로 대단해서, TV 개그프로그램에서 이를 패러디하면 큰 호응을 얻을 것 같다는 생각을 해보았을 정도다. 이런 대단한 묘사에 홀려 와인 사는 데 돈을 탕진해버리는 사람도 있을지 모르겠으나, 『신의 물방울』이 단지 허영심을 부추기는 만화인 것만은 아니다. 오히려 시중에 있는 수많은 와인 중에서 정말 가치 있는 것들을 알아볼 수 있는 혜안을 제공하는 면이 있다. 최근 불고 있는 와인 선호 바람을 타고 많은 와인이 고급 제품임을 자처하는 상황 속에서, 소비자들은 어떤 게 정말 좋은 와인인지 헷갈릴 수밖에 없다. 잘못 알려졌거나 날조된 정보들로 인해 썩 훌륭하지 않은 와인을 큰돈 주고 사는 일이 빈번하다. 그러나 ‘신의 물방울’을 보면 진짜 고급 와인이 어떤 것인지 알 수 있다. 경제적으로 넉넉해서 고급 와인을 살 수 있는 사람이라면 이 만화를 한번 보라. 주류전문점에서 살까말까 망설이던 ‘비싼’ 와인이, 정말 큰돈을 치르고서라도 살 만한 물건인지 어렵지 않게 판단할 수 있을 것이다.

신의 물방울, 와인. 와인은 사람이 아닌, 신이 빚는 술이라는 말이다. 만들어 놓은 와인의 맛이 어떻게 될지는 복불복이라는 뜻으로 해석하면 될 것이다. 와인 생산이 대규모화되고 소비층이 대중화된 요즘에도, 몇몇 고급 와인은 여전히 오크통을 이용한 자연 숙성을 거쳐 생산되고 있다. '신의 물방울'의 명맥이 아직도 유효한 것이다. 그러나 생활 속에서 와인을 즐기고자 하는 이에게 '신의 물방울' 수준의 와인은 필요 없을 게다. 오늘날에는 첨단기술 및 장비를 통한 완벽한 온도통제가 가능해져, 와인 맛을 좋게 하고 균일하게 유지하는 것이 쉬워졌기 때문이다. 큰돈을 들이지 않고도 맛좋은 와인을 즐길 수 있는데 무엇을 더 바라겠는가. 그리고 무엇보다 도수와 양으로 승부하는 우리 애주가들에게, 와인의 이러한 칭호는 별 관련이 없는 게 분명하다.

무통 로쉴드와 캘리포니아 와인

60년간 '샤토 무통 로쉴드(Chateau Mouton Rothschild)'의 생산자였던 바롱드 필립 로쉴드는 전형적인 프랑스 귀족이었다. 유명한 샤토(일정 면적 이상의 포도밭과 와인 생산 및 저장 시설을 갖춘 곳)를 소유했고, 극장주, 카레이서, 시 번역가 등으로도 활약한 인물이다. 그가 소유한 샤토는 본래 2등급이었다고 한다. 그러나 기존 프랑스 와인 등급체계에 불만을 갖고 있던 그는, 자기가 생산하는 와인을 1등급보다 비싸게 팔았다. 또한 일반적인 와인 생산자들과 달리, 그는 생산에서 유통에 이르는 모든 과정을 자신이 직접 통제하며 명성을 쌓아갔다.

그 대표적인 예로, 무통 로췰드 라벨에 그려진 유명 예술가들의 그림들에 주목할 수 있다. 그가 처음 시도한 이 독특한 라벨은 무통 로췰드의 이름을 널리 알리는 데 크게 기여했고, 오늘날 무통 로췰드의 상징으로 자리 잡았다. 40여 년에 달하는 이런 노력 끝에, 1973년 그의 와인은 1등급으로 인정받았다. 1855년 프랑스의 와인 등급체계가 제정된 이래 처음 있는 사건이었다. 현재 보르도 와인 중 1등급은 무통 로췰드를 비롯해 총 다섯 종뿐이다.

이렇게 아웃사이더에서 인사이더가 되기 위해 애쓴 그였지만, 비슷한 처지였던 미국 와인은 못내 신경 쓰였던가보다. 그래서 "미국 와인은 하나같이 코카콜라 맛이 난다"며 비아냥거렸다. 아마도 컨베이어를 적용한 포드시스템 아래에서 돌아가는 20세기 초중반 미국 산업계를 보고, 거기서 생산되는 와인도 형편없을 거라고 생각했던 것 같다. 그러나 그의 생각은 완전히 빗나갔다. 새로운 산업 질서를 경험한 미국인들은, 와인을 만드는 일에서도 기존의 관습을 벗어던졌다. 그들은 현대적 기술을 도입해 새로운 와인을 생산해냈다. 로버트 몬다비 와이너리의 사례가 대표적이다. 1970년대에 로버트 몬다비는 부르고뉴 와인 대회에 샤르도네 품종의 와인을 출품해 우승을 거머쥔데 이어, 보르도 와인 대회에서는 카베르네 쇼비뇽 품종으로 우승했다. 지금도 미국 와인은 샤르도네와 카베르네 쇼비뇽 품종이 가장 활발히 생산되고 있다. 연이은 성공으로 사기충천한 로버트 몬다비는 "보르도의 위대한 샤토들은 1960년대 이후 스스로의 영화 속에 잠들어버렸다"며 프랑스 와인의 몰락을 언급했다. 재미있는 것은, 이렇게 자존심 강한 두 사람이 의기투합해 만든 와인이 있다는 것이다. 1979년에 탄생한 명품 '오퍼스원(Opus One)'이 그 주인공이다. 이밖에도 로쉴드는 남미 최고 와인이라 불리는 '알마비바(Almaviva)' 생산에도 관여하는 등 미주대륙 와인에 지속적인 관심을 보였다.

미국의 와인 산지는 주로 캘리포니아 지역에 위치하고 있다. 특히 내퍼, 멘도시노, 소노마라는 지역명이 적혀 있는 와인은 꽤 괜찮은 제품일 가능성이 크다. 이 세 지역의 카베르네 쇼비뇽으로 만든 와인 가운데 유명한 것은 '켄달잭슨(Kendall Jackson)'이다. 자세히 표현하기는 어렵지만, "와인이란 이런 맛이다"라는 표현을 하기도 큰 무리가 없을 정도다. 캘리포니아 와인답게 매우 드라이한 느낌이어서, 스테이크에 곁들여 마시면 아주 좋다. 앞서 언급한 로버트 몬타비 와이너리의 캘리포니아 와인으로는 오퍼스원 외에 '우드브리지(Woodbridge)'를 들 수 있다. 내가 시음해 본 바로는, 첫맛은 별로 드라이하지 않으나 뒷맛에는 무게감이 실려 있었다. 맛이나 향에서는 특별히 언급할 만한 것이 없었다. 병에 로버트 몬타비라는 이름이 적힌 것 외에 특기할 만한 게 없는 와인이다.

소설『히스토리언』과 루마니아 와인 뱀파이어

『히스토리언』이라는 소설을 읽은 적이 있다. 루마니아의 실존 인물인 드라큘라 백작이 아직 살아있다는 가정 하에, 어느 역사학자가 여러 고문서와 유적을 연구하며 드라큘라의 무덤을 찾는 이야기를 다룬 작품이다. 대중소설답게 액션이나 사랑 같은 요소들도 적절히 가미되어 있어 재미있게 읽을 수 있었다.

이 소설은 공산국가 시절의 루마니아를 배경으로 삼고 있다. 작품 속에서 루마니아는 매우 촌스럽고 보수적인 곳으로 묘사되고 있는데, 일반인들이 루마니아에 대해 갖고 있는 편견이 여기서도 어느 정도 작용하고 있는 듯하다. 그런데 루마니아의 이런 이미지는 왜곡된 것일지 몰라도, 루마니아 산 와인은 실제로 세련되지 못한 면이 있다. 대체로 루마니아 와인은 신세대 와인 생산지들처럼 품종을 앞세워 수출한다. 유명한 품종들인 카베르네 쇼비뇽, 메를로, 샤르도네, 피노누아 등이 주종을 이룬다. 이중 루마니아 산 카베르네 쇼비뇽은 타닌 성분이 적어서 그런지 와인 고유의 쓴맛이 약하다(수입업자들은 이를 '부드럽다'는 식으로 돌려서 말하고 있으니, 소비자는 이를 잘 알아들을 필요가 있다).

이처럼 품종을 내세워 팔리는 일반적인 루마니아 와인들 속에서, 당당히 제 이름을 걸고 소비자에게 어필하는 와인이 있다. 바로 '뱀파이어(Vampire)'라는 이름의 와인이다. '루마니아' 하면 떠오르는 게 드라큘라 백작이다 보니, 그런 점을 어필하려고 붙인 이름일 게다. 이와 비슷한 사례가 더 있다. 몽골에서 생산되는 보드카에는 '칭기즈칸'이라는 이름이 붙어 있고, 칵테일 중에는 '블러디메리'라는 이름도 있다. '블러디메리'는 보드카 베이스에 토마토주스를 혼합한 붉은 색 칵

테일로, 이교도를 만 명 넘게 학살한 것으로 유명한 영국 여왕 메리 1세의 별명을 딴 것이다. 뱀파이어와 사뭇 비슷한 느낌을 주는 이름이다. 참고로, 뱀파이어는 카베르네 쇼비뇽보다는 메를로 품종의 맛이 훨씬 낫다.

칠레 와인 카르멘

다른 나라를 이해하는 데 가장 좋은 방법은 물론 직접 가보는 것일 게다. 그러나 금전적, 시간적, 언어적 한계 때문에 포기할 수밖에 없는 경우가 많다. 이를 대체할 만한 것으로는 그 나라의 문화를 접해보는 방법이 있다. 책을 읽거나 영화를 보거나 음식을 먹음으로써 그 나라를 알고자 하는 욕구를 대리만족시킬 수 있다(그 나라의 이성을 사귀어보는 것도 괜찮은 방법이 아닌가 싶다).

이런 취지에서, 한동안 스페인 음식에 관심을 가진 적이 있었다. 앞으로 우리나라에서 유행할 외국 음식으로 스페인 요리를 점찍었던 것도 중요한 이유였다. 하지만 음식을 먹는 것만으로는 스페인의 많은 것을 알 수 없었다. 좀더 깊은 이해를 위해서는 보다 직접적인 '공부'가 필요했다. 대개 공부는 쓸데없이 고리타분한 경우가 많지만, 이런 목적을 지닌 공부는 무척 재미있다. 옛날이야기를 대하듯 그 나라 역사를 접하고, 그 나라의 온갖 모습을 담은 사진과 영화, 건물 등을 보다보면, 공부하는 게 아니라 취미활동을 하고 있는 듯한 느낌마저 든다. 스페인의 문화를 이해하기 위해 나름대로 많은 것을 접해보았다. 유명한 스페인 요리 전문점에서 빠에야와 이름을 기억하지 못하는 닭 요리도 먹고, 스페인 와인도 마셨다. 스페인을 배경으로 한 작품 〈카르멘〉은 영화와 오페라 두 종류를 모두 챙겨 보았다. VIP석에 앉아 오페라 〈카르멘〉을 보고나서는 와인 '카르멘'까지 챙겨 마셨다.

작품 〈카르멘〉은 스페인을 배경으로 삼고 있지만, 그 원작자인 비제는 프랑스 사람이다. 이와 비슷하게, 와인 '카르멘'의 생산지는 스페인이 아닌 칠레이다. 하지만 우리의 주인공 카르멘은 누가 뭐라 해도 열정적인 집시 여인이다. 모든 '수컷'들은 치명적 매력을 지닌 그녀를 두려워하지만, 곧 잡아먹힐 것을 알면서도 교미하는 수컷 사마귀처럼 그녀에게 달려든다. 카르멘 같은 팜므파탈은 남자를 파멸로 인도하는 유혹의 화신인 것이다.

그러나 내가 마신 칠레 와인 '카르멘'에서는 그런 유혹의 맛이 느껴지지 않았다. 뜨거운 열정이나 곧 파멸로 향할 것 같은 절정감은 전혀 없이, 그저 드라이한 느낌을 줄 뿐이었다. 와인 라벨 역시 칙칙해, 카르멘의 열정을 전혀 연상시키지 못한다. 국내 유력 주류업체가 전략적으로 수입 판매하고 있는 와인이라는 사실을 감안할 때, 다소 실망스러운 수준이라고 말하지 않을 수 없다. 차라리 같은 회사에서 성공적으로 판매한 스페인 와인 '띠에라 델 솔'을 마시는 게 훨씬 낫다. 가격도 저렴하고 스페인 대표 품종인 템프라닐로를 맛볼 수도 있으니 일석이조의 효과를 볼 수 있다. 실제로 띠에라 델 솔은 가격대비 품질이 썩 좋은 와인으로 꼽히기도 한다.

와인 그리고 여자

나는 어떤 음식이든 빨리 먹는 편이다. 작가 장정일은 어린 시절에 힘들게 살다보니 음식을 빨리 먹는 습관이 생겼다는데, 나는 어릴 때 그와 같은 곤궁함을 겪지는 않았다. 그래서 그 이유에 대해 곰곰이 생각해본 결과, 내 몸속 어딘가에 짐승의 피가 남아 흐르고 있기 때문이라는 결론을 내렸다. 생존본능을 간직한 채 살아가는 짐승들은 먹이가 있을 때 빨리, 많이 먹는다. 먹이가 언제 다시 생길지 모르기 때문이다. 그들이 먹이를 허겁지겁 먹어치우는 이유는 이것 말고도 또 있다. 대자연 속에서 살다보면 언제든 위험이 닥쳐올 수 있다. 특히 잠들었을 때나 먹이를 먹을 때 짐승들은 제 허점을 보이게 되는데, 이런 시간을 줄이려면 먹이를 순식간에 먹어치울 수밖에 없는 것이다. 음식을 빨리 먹는 내 행동과 짐승들의 생존본능은 이런 점에서 서로 통하고 있다.

다행스러운 것은, 차를 마실 때만은 그런 본능이 발동하지 않는다는 게다. 조그만 찻잔에 차를 담은 채 몇 시간이고 느긋하게 앉아서 차맛을 음미한다. 차가 다 식거나 향이 다 날아가버려도 크게 개의치 않는다. 그러나 술을 마실 때는 사정이 조금 달라진다. 주종에 따라 이중적인 태도를 보이는데, 대체로 소주나 맥주, 양주 등을 마실 때는 음식을 먹을 때와 마찬가지로 매우 빨리 마신다. 반면 와인을 마실 때는 차 마실 때와 마찬가지로 천천히 음미하면서 그 맛과 향을 즐긴다. 이렇게 와인을 즐길 때마다 드는 생각이 있다. 만약 와인이 여자였다면 아주 멋지고도 까다로운 스타일이었을 거라는 생각이 바로 그것이다. 와인의 붉은빛처럼 정열적이고, 복잡 미묘한 맛과 향처럼 세련되면서도 까다로운 여자…….

이렇게 여인처럼 고고한 와인을 벌컥벌컥 마셔댄다는 것은, 눈앞의 탐욕에 눈이 먼 돼지들이나 하는 짓일지도 모른다. 좋은 와인일수록 천천히 음미하면서 온몸 가득 그 맛과 향을 받아들여야 한다. 분위기를 달리 하면서 다양한 매력을 느끼는 집요함을 보여야 한다. (하지만 취해버린다면 "와인 따위는 그저 술에 불과하지"라고 외치며 가학적인 태도로 벌컥벌컥 마셔버리고 말 것이다. 하긴, 여기서도 적잖은 쾌감을 느낄 수는 있을 게다.) 아무튼, 이렇게 조금은 변태적인 환상에 빠지기에는, 부르고뉴 산 피노누아 종 와인이 적당하다. 신세대 생산지의 피노누아를 투박한 시골 처녀로 본다면, 프랑스 부르고뉴의 피노누아는 세련된 금발의 처자로 볼 수 있다. 이 차이가 미세하게나마 좁혀지고 있긴 하지만, 근본적인 변화는 불가능하리라고 본다. '업타운 걸'로 태어난 고귀한 핏줄을 여염집 딸들이 따라잡는 게 어디 그리 쉽겠는가.

최고의 작업용 와인, 빌라엠

남자들도 호감 가는 이성에게 잘 보이기 위해 이렇게 저렇게 모습을 꾸미곤 한다. 하지만 타고난 능력이나 내면적 소양은 쉽게 바뀌는 게 아니다. 이럴 땐 주변적 요소들을 작업에 유리한 형태로 조성하는 노력이 필요하다(상대가 이십대 여성이라면 더욱 그렇다). 마음에 드는 여성의 마음을 사로잡고자 할 때, 와인은 그 '작업용' 술로 아주 적합하다. 달콤한 맛을 자랑하는 아이스 와인이나 감미로운 이탈리아 와인이라면 더욱 좋다. 하나만 콕 집어서 이야기하라고 한다면, 나는 주저함 없이 '빌라엠(Villa M)'을 들겠다. 빌라엠은 '작업의 왕국' 이탈리아에서 엄청난 판매고를 보이며 최고의 작업용 와인으로 인정받은 제품이다. 세계의 수많은 여성들이 빌라엠의 달콤함에 매료되었고, 우리나라에서도 그 수요는 점점 늘고 있다.

까다로운 20대 여성을 사로잡는 건 쉽지 않은 일이다. 그렇다고 아주 어려운 것도 아니다. 그들은 의외로 외부적인 자극에 쉽게 반응한다. 일단 모던한 인테리어를 갖춘 곳을 물색해두었다가, 적절한 시점에 그녀와 함께 찾아간다. 깊은 밤, 리사 오노의 곡과 같은 가벼운 재즈가 흐르는 그곳에서 앞서 언급한 빌라엠을 한 병 따는 걸로 모든 준비는 끝난다. 본격적인 작업은 두 잔에 빌라엠을 채우는 것으로부터 시작된다. 기억을 더듬어 예전에 본 뮤지컬 이야기를 하거나, 여성 대상 신문이나 웹진에서 읽은 글을 말해보는 것도 좋겠다. 달콤한 와인 한 모금을 입에 머금은 그녀는 당신의 이야기를 들으면서 자연스레 경계

심이 풀릴 것이다. 그날 밤엔 사이비 남자 페미니스트가 되어보는 것
도 나쁠 것 없다. 대화가 이어지다보면 그녀는 수많은 영화배우나 가
수들을 이야기의 도마 위에 올려 난도질 해댈지도 모른다. 하지만 이
에 맞장구쳐주는 인내심을 버려서는 안 된다. 그렇게 한두 시간이 흘
러 빌라엠이 바닥을 드러내면, 같은 것을 한 병 더 주문한다. 그녀는 의
외로 많은 양을 마셨음을 깨닫고 잠시 뜨악한 표정을 보일 것이다. 그
렇다고 걱정할 필요는 없다. 빌라엠의 달콤함은 그녀의 의식을 완전히
잠식하고 있다. 그녀는 지금 자기 몸과 마음을 휘감고 있는 달콤함이
와인으로부터 온 건지, 자기 앞에 앉은 남자로부터 온 건지 헛갈려 하
며 점점 당신에게 빠져든다. 그리고 빌라엠 한 병이 빚어낸 이 놀라운
상황에 당신은 내심 놀랄 수밖에 없을 것이다.

빌라엠 정도의 와인이면 이런 시나리오도 가능하다. 부탁하건데, 어
떤 이십대 여성을 대상으로 모종의 작업 계획을 세우고 있다면, 우리
가게에 와서 빌라엠 한 병을 주문하길 바란다. 당신은 좋아하는 이성
의 마음을 얻을 수 있어 좋고 나는 돈을 남겨서 좋으니, 상부상조하는
셈이지 않은가.

여자를 매혹하는 와인, 샴페인

마릴린 먼로, 티나 터너, 우리나라 사람들에게는 개고기 논쟁으로

잘 알려진 프랑스 여배우 브리짓 바르도. 이들은 모두 샴페인을 사랑한 여성들이다. 외국영화를 보면 숱한 미녀들이 샴페인 잔을 든 남자 주인공에게 안긴다. 이런 걸 보고 많은 사람들은 샴페인은 참 로맨틱한 술이라고 생각한다. 하긴, 등장인물들이 소주에 취해 귀찮은 일을 해치우듯 섹스 하는 홍상수 감독의 영화 장면들과 비교하면, 샴페인의 매력이 두드러지는 게 사실이다.

술은 인간이 알고 있는 최고의 최음제다. 특히 와인은 그 효과가 아주 뛰어나다. 일반인들은 와인을 평소에 자주 접하지 않다보니, 그 독특한 맛과 향에 이끌려 아무 생각 없이 한 잔 두 잔 마시게 된다. 그러다 보면 어느새 이성을 컨트롤할 수 있는 선을 넘기 일쑤다. 와인의 취기는 사람을 천천히 허물어뜨리는 특성을 갖고 있는 까닭에, 와인을 자주 접하는 사람들도 간혹 자기도 모르게 흠뻑 취하곤 한다. 이런 이유로, 은은한 조명과 감미로운 음악이 흐르는 와인 바는 자연스레 최고의 '작업 공간'으로 활용된다. 아늑한 분위기 속에서 매력적인 이성과 함께 와인을, 특히 샴페인을 마신다면, 둘 사이에 흐르는 야릇한 감정은 곧 극한으로 치닫기 마련이다. 이 상황에서라면 두 사람 사이에 역사가 이뤄지지 않는 게 이상한 일일 게다.

여성을 매혹하는 와인, '샴페인'은 프랑스 상파뉴 지역에서 생산되는 발포성 와인을 부르는 이름이다. 샴페인을 언급할 때 빠지지 않는 인물이 있다. 바로 동 페리뇽이라는 이름의 수사다. 17세기 프랑스 상파뉴 지역에 있는 한 수도원에서 와인저장고를 담당하던 그는, 해마다 봄이 되면 그 지역 와인저장고들이 펑펑 터지는 것을 이상하게 여겼다. 농부들은 그 현상에 기겁해 와인저장고에 가기를 꺼렸으나, 그는 오히려 궁금해 하며 그맛을 보았다. 폭발해버린 와인의 맛을 본 그는 놀라워하며 이렇게 외쳤다고 한다. "형제여, 빨리 와보시오! 나는 지금 별을 마시고 있습니다." 이렇게 '발견'된 샴페인은 이후 상파뉴 지역을 대표하는 와인으로 자리매김하기에 이르렀다. 상파뉴의 와인들이 이렇게 봄마다 폭발한 이유는 추운 날씨에 있었다. 상파뉴는 프랑스 북부에 위치한 지역인 까닭에 겨울이 빨리 찾아온다. 그러면 저장고에 있는 와인이 발효를 멈추는데, 당분이 남아 있는 이 와인은 봄이 오면 발효를 재개하면서 탄산가스를 발생시킨다. 당연히 와인 병이 폭발할 수밖에 없었던 것이다. 참고로 오늘날 가장 유명한 샴페인 브랜드는 '동 페리뇽(Dom Perignon)'이다. 아주 비싼 와인이어서 사마시기가 쉽지 않다. 이를 대체할 만한 것으로는 '모엣 샹동(Moët & Chandon)'을 들 수 있다. 아주 매력적인 맛을 지닌 유명한 샴페인임에도 불구하고, 가격은 동 페리뇽의 절반에도 못 미친다.

한편 샴페인은 프랑스 고유의 와인 원산지 표시법인 A.O.C.의 표본이라고 할 수 있다. A.O.C.는 오늘날 프랑스 와인이 세계적인 명성을 얻을 수 있게 한 주인공으로서, 와인의 원료인 포도 재배지의 위치와 명칭을 관리하는 제도이다. 1910년 상파뉴의 이름을 다른 지역 메이커에서 도용한 일이 있었다. 상파뉴의 와인 메이커들은 이에 대해 즉각 항의했고, 그 결과 상파뉴라는 이름을 지켜낼 수 있었다. 이 사건을 계기로 상파뉴의 명성은 더욱 높아졌고, 프랑스의 A.O.C. 또한 더욱

공고해졌다. 지금도 '상파뉴'라는 이름은 이 지역에서 생산되는 샴페
인에만 붙여지고 있음은 물론이다.

돈, 쓰는 것보다
버는 것이 훨씬 즐겁다

왜 돈을 버는가

이런 이야기가 있다. 신은 애초에 인간, 당나귀, 개, 원숭이 모두에게 30년씩 수명을 주었다. 어느 날 당나귀가 신에게 찾아가, 매일 무거운 짐을 지고 다니며 일만 하는 게 너무 힘들다고 불평했다. 이를 본 다른 동물들도 신에게 찾아가 하소연했다. 개는 매일 집만 지키며 주인의 안위를 돌봐야 하는 게 지겹다고, 원숭이는 쭈글쭈글한 모습으로 사람들의 웃음거리가 되는 게 지겹다고 불평을 했다. 이에 신은 이들에게 원래 부여했던 수명에서 20년씩을 줄였다. 한편 인간은 신에게 30년의 수명이 너무 짧다고 하소연했다. 20대를 지나 겨우 사람다운 삶을 누려보게 됐는데 곧 죽어야 하는 게 억울했던 것이다. 그러자 신은 당나귀, 개, 원숭이로부터 회수한 수명을 인간에게 몰아주었다. 하지만 이는 결과적으로 욕심을 부린 인간에 대한 징벌과도 같았다. 인간은 제 원래 수명 30년을 거뜬하게 산 뒤 30~40대에 당나귀와 같은 고된 노동의 삶을, 50~60대에는 개처럼 집안을 돌보고 늘 가족의 안위를 걱정해야 하는 삶을 살게 되었다. 마지막 70~80대에는 원숭이처럼 쭈글쭈글한 몰골로 초라하게 죽음을 기다려야만 했다.

가만히 곱씹어 보니, 참으로 그럴싸한 풍자가 깃든 우화라는 생각이 든다. 하지만 요즈음 우리 사회의 사정은 이 우화보다 더 비참해 보인다. "일하는 순간을 즐겨라." 멋진 말이지만, 50대를 넘어선 사람들에게는 썩 권할 만한 말은 아닌 듯싶다. 주위를 둘러보면 50세를 넘어 60세에 접어든 노인들이 일자리를 구하고자 혈안이 되어 있는 경우가 많다. 정부에서는 노인들도 일을 가져야 한다면서 이런저런 일자리를 알선한다. 그런 일자리들을 보자면 동사무소 안내원, 주유소 주유원, 패스트푸드점 서빙직원 등 개개인의 전문성을 고려하지 않은 단순노무가 대부분이다. 그렇게 적선하듯 일자리를 던져주고는 노인들에게 젊게 사는 인생을 베풀고 있다고 선전한다. 아직 젊은 세대인 내가 보아도 부아가 치미는 일이다. 하지만 많은 노인들이 이것도 감지덕지하게 여길 수밖에 없는 것은, 당장 한 푼의 돈이 궁하기 때문이다. 한창 일할 수 있는 시절에 이런저런 사정으로 충분히 돈을 벌어놓지 못해서, 노년에 들어서도 돈벌이를 할 수밖에 없는 까닭이다. 아직 충분한 사회복지 시스템이 마련되어 있지 않은 우리나라에서 노년에 곤궁하게 살지 않으려면, 젊을 때 넉넉히 벌어놓던지, 그게 안 되면 늙어서라도 계속 버는 수밖에 없다. 이래저래, 문제는 '돈'이다.

　돈 한 푼의 위력이 이토록 대단한 것임에도 불구하고, 사람들이 돈을 대하는 자세는 이상하게도 이중적인 것 같다. 사람들에게 돈은, 생활을 윤택하게 해주는 훌륭한 수단이기도 하지만 가족의 불화를 일으키거나 이기주의를 부추기는 천박한 물건이기도 하다. 우선 돈이 생활을 윤택하게 해주는 수단이라는 것에 대한 이견은 거의 없을 것이다. 그렇다면 돈이 불화와 이기주의의 씨앗이라는 생각은, 과연 동의할 만한 것인가? 가끔 드라마나 영화, 에세이 등에서 돈은 부정의 씨앗으로 묘사되곤 한다. 돈만 아는 남편 때문에 아내는 외로움에 사무치고, 결국 이들은 불화와 탈선의 길에 발을 들여놓는다. 그럴싸한 설정이다. 하지만 현실로 돌아와 보면, 가족 구성원들 사이에서 빚어지는 불화와 탈선은 가난하거나 결손이 있는 가정에서 더욱 빈번하게 일어남을 목격할 수 있다. 돈 한 푼이 아쉬울 때 가난한 부부는 악다구니하고, 아이들은 집을 나간다. 실정이 이러한데도, 우리는 '돈은 불행의 씨앗'이라는 생각을 떨치지 못한다. 왜일까?

　슬쩍 이런 생각을 해본다. 이 나라의 부자들과 정치꾼들이 잠실운동장에 모여 모종의 회의를 한 게 아닐까? 여기서 이들은, 돈을 많이 가지면 불행해질 수 있다는 불안 심리를 사람들 사이에 유포하기로 기획한다. 그래서 사람들이 적은 월급을 받고도 지금의 수준에 적당히 만족하면서 살아가게 한다. 사람들은 빈부격차가 점점 심해져도 적당히 적응하면서 충실한 사회의 일개미로 기능한다…… 물론 황당한 추측이다. 하지만 현대인이 갖는 환상의 대부분을 생산, 유포하는 주체인

TV 드라마는, 가난할수록 화목하고 행복해지는 가정의 환상을 끊임없이 토해내고 있다. 드라마 시청자의 대부분을 차지하는 가난한 우리들을 위하여…….

분명한 것은, 적어도 우리의 현실 생활에서 돈은, 불행의 싹이기 보다는 행복과 안정의 도구로 활약할 때가 훨씬 더 많다는 것이다. 그리고 더욱 중요한 것은, 꿈을 이루는 밑거름이 된다는 사실이다. 자기가 꿈꾸던 아름다운 집을 짓는 일, 출판사를 어려움 없이 운영하면서 평소 만들고 싶던 책들을 계속 출판하는 일 등에 쓰일 수 있다. 혹은 가난한 이웃에게 도움을 주면서 개인적인 만족을 느끼는 데 쓰일 수도 있다. 의문의 여지없이, 이러한 것들은 돈이 있어야만 가능한 일이다. 이렇게 보면 돈을 버는 행위는 꿈을 이루기 위해 애쓰는 것과 다름없다. 너무나 빨리 돌아가는 세상 속에서, 우리는 눈 먼 사람처럼 방향을 잃고 헤매고 있다. 어둠이 깊어갈수록 등불이 제 빛을 더해가듯, 삶의 목표는 막막한 상황일수록 더욱 선명해진다. 거지 옷을 입은 왕자, 돈. 비루함의 거적을 들추고 그 맨얼굴을 먼저 알아보는 사람이 누구보다 먼저 제 꿈을 이룰 수 있다.

돈을 숭배하라

내 어린 시절의 이야기다. 당시 나는 동네 친구들과 몰려다니며 자치기, 망까기, 딱지치기, 구슬치기 등 온갖 놀이를 했다. 그중에서도 나는 구슬치기, 딱지치기 등 물건이 오가는 형태의 놀이를 즐겼다. 특히 목숨 걸고 한 놀이는 바로 구슬치기였다. 평소엔 구슬을 맞춰서 조금씩 가져가는 식으로 했지만, '구슬치기 대전'이 벌어지는 날에는 각종 세부 종목이 펼쳐지며 대량의 구슬이 오고갔다. 아이들은 자기가 가진 구슬을 총동원해 상대의 구슬을 따먹고자 애썼다. 그러나 그들 대부분은 나의 적수가 되지 못했다. 나보다 구슬치기 연륜이 많은 형들도 내 앞에서는 무릎을 꿇었다. 이렇게 딴 구슬이 수백수천 개에 달했다. 이럴 경우 경기가 파할 때 적당량의 구슬을 아이들에게 나눠주는 게 통례였으나, 욕심이 많은 나는 그 많은 구슬을 고스란히 챙겼다. 주머니에 가득 넣어도 넘치는 구슬은 비닐봉지에 담아서 집으로 가져왔다. 세숫대야에 물을 받고 그 구슬들을 씻고 있노라면, 기분이 날아갈 것만 같았다. 몇날 며칠 구슬 개수를 세고, 모양별로 배열하고, 예쁜 것들을 골라내면서, 스스로를 자랑스러워했다. 시간이 흘러 구슬치기 대신 딱지치기의 시즌이 도래하곤 했지만, 다시 구슬치기의 시즌이 돌아오기를 기다리며 회심의 미소를 지었다. 그 많던 구슬이 다 어디로 갔는지, 지금은 알 길이 없다.

장사의 목적이 무엇인가? 두말할 것 없이 돈을 벌기 위함이다. 이를 다른 고상한 말로 포장할 필요는 없다. 누구나 살기 위해 돈을 벌고, 돈을 벌기 위해 산다. 그러면, 어떻게 해야 돈을 벌 수 있을까? 자신이 어떤 일을 해야 돈을 잘 벌 수 있는지 파악하고 그것에 매진하면 된다. 너무도 당연한 이야기다. 그러나 많은 사람들이 이 간단한 진리를 잊은 채 자기가 좋아하는 일로 돈을 벌고자 한다. 심지어 이를 '자아실현'으로 착각하기까지 한다. 이는 대단한 실수다. 사람들의 기호는 대부분 거기서 거기다. 호불호가 비슷하다는 말이다. 내가 좋아하는 것은 다른 많은 이가 좋아하고, 내가 싫어하는 것은 남들도 싫어한다. 이래서 레드오션이라는 게 생기는 것이다. 그렇다면 신문지면이나 TV 뉴스에 출연해 "평소에 좋아하던 일을 찾아 직업으로 삼았더니 돈이 잘 벌렸어요"라고 말하는 이들이 거짓말을 하는 것일까? 그렇지 않다. 이들은 정말 드물게 성공한 케이스인 까닭에 언론에 출연하게 된 것이다. 그리고 우연히 시작한 일로 많은 돈을 끌어 모으자 그 일이 좋아진 것일지도 모른다.

장사로 돈을 번 사람과 그렇지 못한 사람의 차이는 의외로 단순하다. 돈에 대한 집착이 있는 사람은 돈을 벌고, 그렇지 못한 사람은 돈을 못 버는 것이다. 노골적으로 돈을 밝히고, 심지어는 숭배하기까지 하는 사람이 당연히 돈을 잘 번다. 내가 지금 벌고 있는 돈도, 사실은 어린 시절에 악착같이 모았던 구슬과 별반 다를 게 없다. 다른 아이들에게는 구슬이 그저 장난감에 불과했을지 모르지만, 나에게 구슬은 그 자체로서 목적 그 자체였다. 구슬치기에서 늘 이긴 것도, 물론 운이 따라준 면 있었지만, 그보다는 내가 잘 하는 세부 종목에 더 공을 들였던 까닭이 아닌가 싶다. 내 능력이 크게 발휘되는 '홀짝'과 '쌈치기'에 '올인'하는 게 내 나름의 원칙이었다.

이런 원칙은 장사꾼으로 살아가는 지금도 그대로 적용되고 있다. 내가 하고 싶은 일보다는, 내가 어떤 일을 잘 할 수 있는지에 늘 관심을 두고, 좀더 재능이 있다고 판단되는 쪽으로 아이템을 바꿔왔다. 지금 운영하고 있는 쿠킨스테이크도 이런 과정을 거친 결과물이다.

나는 내 장사의 노획물, 돈을 바라보는 것만으로도 즐겁고 기쁘다. 반짝이는 구슬을 보며 자랑스러워하던 어린 시절에도 구슬 그 자체에 만족했었다. 이렇게 노골적으로 돈을 밝히는 내 태도를 두고 누군가는 속물스럽다며 욕을 할지도 모르겠다. 하지만 나는 분명히 말할 수 있다. 돈 버는 걸 부끄러워하는 사람은, 장사로 돈을 벌 수 없다. 그런 사람은 장사에 대한 꿈은 빨리 접고, 다니고 있는 회사에 오래오래 다니는 게 나을 것이다.

금전적 채무관계, 심적 채무관계

카이사르는 스페인으로 향하는 길에 채권자들에게 둘러싸인 적이 있다. 그동안 빌린 돈이 너무 많았던 게다. 로마 최고의 부자인 크라수스가 빚보증을 서준 뒤에야 카이사르는 로마를 뜰 수 있었다. 재미있는 것은, 카이사르와 함께 삼두정치의 일인이었던 크라수스 역시, 젊었을 때 카이사르에게 엄청난 돈을 빌려준 일이 있다는 것이다. 자기 돈도 채 돌려받지 못한 상태에서 제3자에게 진 빚까지 보증을 서준 크라수스의 행동은 쉽게 납득이 가지 않는다. 『로마인 이야기』의 저자 시오노 나나미는 이를 재미있게 해석했다. 카이사르는 돈을 융통하는 천부적인 재능으로 엄청난 금액의 돈을 빌렸고, 나중엔 채권자에게 큰

소리칠 수 있는 무시무시한 채권자가 되었다는 것이다. 따라서 카이사르에게 큰돈을 빌려준 이들은 그들의 돈을 돌려받기 위해 카이사르의 정치활동을 지속적으로 후원할 수밖에 없었고, 이런 후원 덕에 카이사르는 로마의 권력을 거머쥘 수 있었다는 결론이다. 물론 카이사르는 후에 크라수스로부터 빌린 돈에 웃돈까지 얹어서 갚았다. '대마불사' 식의 해석인 셈이다.

그렇다면 크라수스는 젊은 카이사르의 어떤 면을 보고 덥석 큰돈을 빌려주었을까? 내 생각으로는, 크라수스에게는 돈을 빌려주는 사람으로서의 탁월한 안목이 있었던 것 같다. 로마 최고의 부자였으니 많은 사람에게 돈을 빌려주었을 게고, 당연히 돈을 빌려주고 돌려받는데 탁월한 감각을 쌓을 수밖에 없었을 것이다. 실제로 부자들은 돌려받지 못할 돈은 애초에 빌려주지 않는다. 이렇게 보면, 시오노 나나미의 해석은 다소 어폐가 있는 것일지도 모른다. 실은 카이사르의 돈 융통능력이 탁월했던 게 아니라, 크라수스의 직관이 탁월했던 것일지도 모른다.

인간관계에는 항상 돈 문제가 얽힌다. 친구, 친척 등 가까운 사이에서도 돈을 주고받는 도중에 사소한 일로 감정이 상하는 경우가 비일비재하다. 완전한 타인과의 공식적인 거래에서라면 그야말로 인정사정 볼 것 없어진다. 직접적으로 금전이 오가는 것만이 문제를 일으키는 건 아니다. 상대방에게 선의로 선물이나 노동력을 베풀었다면, 받은 쪽은 자연스레 마음의 빚을 지게 된다. 주는 쪽은 대가를 바라지 않았을지라도 받는 쪽은 심리적으로 위축될 수밖에 없는 것이다.

인간은 남에게 호의를 베풀 때 의식적으로든 무의식적으로든 그에 대한 보답을 받기를 원한다. 끝내 돌아오는 게 없다면, 그 상대방은 자신의 기피인물 리스트에 등재된다. 주는 편과 받는 편, 어느 쪽이 더 쉬운 일일까? 내 생각엔 주는 게 더 쉬운 일인 것 같다. 약간의 돈이나 시간을 내어 상대방을 미세하게나마 통제할 수 있게 된다면, 그건 분명 수지맞는 장사를 한 셈이기 때문이다. 반면 받는 것은 어려운 일이다. 경우에 따라 다른 반응을 보여야 나중에 상대방과 적절한 관계를 유지할 수 있기 때문이다. 나는 내가 감당할만한 수준의 것을 받았을 때 아주 기쁘게 받아들인다. 그러나 감당하기 힘들거나 별로 반갑지 않은 호의를 받게 될 때는 상대방에게 조금 떨떠름한 반응을 보여준다. 살짝 건방진 태도를 보이거나 심드렁한 태도를 보이는 식이다. 그렇게 하지 않으면 나 자신이 위축될뿐더러, 상대방도 자신이 베푼 호의를 빌미로 나에게 과도한 것을 요구해올 가능성이 있기 때문이다.

채무를 둘러싼 이야기들과 관련해, 재벌들의 기부문화에 대해서도 하고픈 말이 있다. 대부분의 언론은 빌 게이츠의 기부 행위를 한목소리로 칭찬한다. 그가 많은 돈을 사회에 기부했으니 그의 행동에 존경을 표해야 한다는 논리다. 그러나 그런 식의 반응이 과연 옳은 일인가? 빌 게이츠는 자신의 부를 사회에 '환원'한다는 명분으로 기부한다. 하지만 그런 행위는 그다지 떳떳해 보이지 않는다. '사회'라는 불특정다수를 향해 던지듯 돈을 내놓은 그의 행동 저변에는, 내 생각에는 채 밝히지 않은 꿍꿍이가 숨어 있는 것만 같다. 그걸 차치하더라도, 그가 사회에 내던진 돈의 압박에 순진한 대중이 일말의 미안함을 느껴야 하는 건 그다지 아름다운 광경은 아닌 듯싶다. 차라리 우리나라의 기업인들의 기부가 좀더 떳떳해 보인다. 그들은 경영활동 중에 종종 중대한 범죄행위를 하게 된다. 이에 대한 사법부의 압박이 들어오면, 그들은 기다렸다는 듯 사회에 대한 기부 의사를 밝히며 면죄부를 발급해 줄 것을 국민들에게 요청한다. 이 경우 우리는 기부행위를 한 그들에게 고맙고도 미안한 마음을 가질 필요가 전혀 없다. 그저 당연한 것으로 받아들이면 그만이다. 대중은 채무의식을 가질 필요가 없고, 사회는 막대한 여유자금을 가질 수 있어, 결과적으로 일거양득의 효과를 보는 셈이다.

돈, 쓰는 것보다 버는 것이 훨씬 즐겁다

나는 돈에 대한 경외감을 가지고 있다. 물론 돈보다 소중한 절대적 가치들이 많긴 하지만, 돈이 많다고 해서 그런 가치들이 일그러지는 경우는 별로 없다. 사실 돈을 버는 것은 매우 경건한 행위이다. 생계를 유지하기 위해 자기 목숨마저 내놓는 각오로 돈을 버는 이들을 보면 이런 '경건함'을 느낄 수 있다. 그런 이들은 돈벌이로 흔히 범죄나 매춘과 같은 반사회적 행위를 선택하는 일이 잦다. 당연히 사회적 관점에서는 계도되어야 할 일탈행위나 치유되어야 할 병리현상으로 취급당한다. 하지만 당사자들로서는 절체절명의 위기를 헤쳐 나가기 위한 마지막 선택이었을 수도 있다. 그들 자신도 그처럼 많은 위험과 정신적 황폐화가 따르는 일을 선택하고 싶진 않았을 것이다. 이들의 행동을 정당화하고자 하는 뜻은 결코 아니다. 다만 나는 돈 버는 일이 그만큼 어렵고 무게감을 갖는 행위라는 것을 말하고 싶은 것이다.

이처럼 만만치 않은 상대인 돈을 버는 방법은 매우 다양하다. 하지만 그 모든 방법에 선행하는, 돈벌이 아닌 돈벌이가 있다. 그건 바로, 적게 쓰는 것이다. 부모로부터 물려받은 재산이 많은 사람이라면 굳이 아껴 쓰는 일 따위는 하지 않아도 되겠지만, 대부분의 사람들은 그런 처지가 못 된다. 그래서 적게 쓰는 일은 중요하다. 나에게는 적게 쓰는 게 습관으로 굳어져서 돈 들어가는 일이 별로 없다. 넓은 집, 큰 차, 멋진 옷, 최신 전자제품 등은 내 관심을 끌지 못한다. 일상적으로 돈을 쓰는 것이라곤 DVD, 음반, 책 등을 사는 게 고작이다. 술을 마실 때도 별로 돈을 들이지 않는다. 집에서 맥주 한두 캔을 마시거나, 와인업체에서 시음용으로 준 제품을 마시는 게 고작이어서 큰돈이 들지 않는다. 다만 이것저것 배우는 일에 돈을 꽤 쓰는 경우가 있는데, 이는 일종의 투자이므로 나중에 언젠가 더 큰 수입으로 돌아온다고 생각한다.

우리가 하는 소비행위를 가만히 돌이켜보자. 쓸데없이 카드를 긁는 일이 수없이 많다. 그렇게 낭비하는 것들만 줄여도 적잖은 돈을 아낄 수 있다. 그리고 아낀 돈의 양만큼, 우리가 겪는 생활에서의 긴장감은 줄어들 것이다. 그렇다면 무엇을 망설이겠는가? 간단히 돈을 아끼면 된다. 여기에 더해, 돈을 버는 행위에서 즐거움을 찾으면 더없이 좋을 것이다. 이렇게 외쳐보자. "돈은, 쓰는 것보다 버는 것이 훨씬 즐겁다." 이게 현실이 되면, 당신의 일상, 당신의 장사는 전혀 새로운 모습으로 바뀔 것이다.

나는 서울의 30대 장사꾼
© 고재성 2007

1판 1쇄 | 2007년 1월 18일
1판 2쇄 | 2007년 2월 7일

지 은 이 | 고재성
펴 낸 이 | 김정순
책임편집 | 심선영 이은정 장영선
펴 낸 곳 | (주)북하우스
출판등록 | 1997년 9월 23일 제406-2003-055호

주   소 | 413-756 경기도 파주시 교하읍 문발리 파주출판도시 513-8
전자메일 | editor@bookhouse.co.kr
홈페이지 | www.bookhouse.co.kr
블 로 그 | blog.naver.com/bookhouse1
전화번호 | 031-955-2555
팩   스 | 031-955-3555

ISBN   978-89-5605-170-3 03810

이 도서의 국립중앙도서관 출판도서목록(CIP)은 e-CIP 홈페이지(http://www.nl.go.kr/cip.php)에서
이용하실 수 있습니다.(CIP제어번호:CIP2007000120)